LE SOURIRE DE MA MÈRE

Couverture : 1re de couverture : *La Joconde* de Léonard de Vinci
© Archivo L.A.R.A./Planeta ; 2e de couverture : © Archivo L.A.R.A./Planeta ;
3e de couverture : BIS/Ph. Jean-Loup Charmet © Archives Larbor.

Loi n° 49-956 du 16 juillet 1949 sur les publications destinées à la jeunesse,
modifiée par la loi n° 2011-525 du 17 mai 2011.
ISBN 978-2-09-253570-7

LE SOURIRE DE MA MÈRE

Une année avec Léonard de Vinci

Marie Sellier

Nathan

Caterina la Simple

La Loire coule en bouillonnant dans son lit de sable trop grand, charriant des eaux couleur de ciel, de fiel et de foin, ses eaux vives de printemps, entre les berges crayeuses, entre les îlets où nichent les oiseaux, à l'aplomb du château d'Amboise puissamment ancré sur son éperon rocheux.

Il fait lourd, étrangement lourd pour la saison, en cette fin avril de l'an 1518. On se croirait soudain en août. Un ciel de lait cru brouille les couleurs et pèse sur la nuque des petites lavandières au travail depuis l'aube.

Tout le long de la berge, les robes de coton et de lin font des taches sombres sur le sable blond. Les mains s'activent sur le linge, frottent les draps bis sur les pierres plates, encore et encore. Puis les empoignent, les retournent dans un grand *floc* mouillé, les besognent, les étrillent et les jettent à l'eau, filets opaques qui font fuir les carpes.

D'un revers de la main, Caterina essuie vivement la sueur qui perle à son front.

C'est qu'elle ne ménage pas sa peine, la petite, les paumes rouges, presque à vif, d'avoir tant frotté dans l'eau froide qui gicle en abondance sur sa robe.

Elle est menue, la nuque gracile penchée vers le fleuve et, toute à son ouvrage, elle chantonne – plutôt murmure ou plainte que refrain –, d'une étrange voix rauque, rocailleuse, comme un torrent pressé qui remuerait des pierres. Une voix de caverne, insolite venant d'une si jeune fille.

À ses côtés, trois filles aux bras ronds s'acharnent avec moins de vigueur sur un gros tas de draps douteux, plus occupées à se raconter leurs amours qu'à battre le linge inerte. Leurs promis sont partis à l'armée, en cuirasse d'acier. Bientôt ils feront la guerre, la guerre des hommes, la vraie, qui n'est plus un jeu d'enfant. La guerre dont on ne revient pas toujours, celle où l'on risque sa peau, où, chaque jour, on peut crever comme un chien.

Un mois, deux mois déjà qu'ils sont partis en expédition lointaine. Dans quelle garnison ? Elles n'en ont aucune idée. Elles n'ont pas de nouvelles, pas une lettre, pas une seule.

Comment en serait-il autrement ? Ils ne savent pas écrire.

Ils ont dix-huit ans. Elles n'en ont pas plus de quinze. Elles aiment rire et danser, et comme la tristesse ne leur va pas, la conversation glisse vers des sujets moins graves. Tout naturellement elles en arrivent à parler de l'événement qui tient en haleine tout Amboise, petits et grands confondus : les préparatifs du baptême du dauphin, le fils du roi François Ier et de la reine Claude. Les festivités commenceront dans quelques jours et les trois jeunes filles feront partie du ballet qui dansera au son des fifres et des tambourins.

Caterina ne se mêle pas à leur conversation. En vérité, elle est, comme toujours, à mille lieues de là, Caterina la Simple, perdue dans un rêve ponctué par le rêche va-et-vient du chiendent sur la toile et la sourde mélopée qui s'échappe de ses lèvres.

Debout sur la rive, elle tangue sous le poids du drap ruisselant qu'elle porte à bout de bras et jette au loin dans les eaux opaques, où il plonge et se déploie comme une voile sous-marine.

Et elle sourit, les joues roses sous sa coiffe grise, cheveux relevés en chignon qui frisottent sur les tempes, gorge haute et taille bien prise dans sa robe de coton grège que les eaux de la Loire ont constellée de gouttelettes sombres.

Une ombre passe dans le ciel. Une bourrasque frise la surface de l'eau en un rictus mauvais. Le vent qui se lève sent l'orage.

– Caterina ! Caterina !

La voix haut perchée, essoufflée, est celle d'une petite fille qui se hâte en relevant ses jupes.

Un cri qui n'a rien d'humain

La petite a les joues rouges d'avoir couru si vite ; elle va de groupe en groupe, demandant :

– Où est Caterina ?

– Là-bas !

– Là-bas !

– Ah, quoi ? Ne crie pas comme ça !

Mais la petite appelle de plus belle :

– Caterina ! Caterina !

– Elle est ici, ta cousine, bougonnent les filles aux bras ronds en haussant les épaules.

Mais Caterina, elle, ne bouge toujours pas. Il faut que la petite lui touche le bras pour qu'elle lève enfin les yeux.

– Viens !

Caterina fronce les sourcils.

– Viens ! répète la petite d'une voix aigüe.

Caterina écarte les deux mains, paumes vers le ciel, en signe d'incompréhension.

– Le bébé… Magdalena, énonce la petite fille en

s'appliquant à détacher chaque syllabe.

Alors Caterina se lève d'un bond et désigne le drap gorgé d'eau dégouttant sur une pierre plate.

L'enfant saisit le paquet détrempé par une extrémité, Caterina par l'autre, et, toutes deux arc-boutées sur leurs jambes, elles le tordent de toutes leurs forces pour en exprimer l'eau.

Caterina dépose le linge dans une vaste corbeille de paille qu'elle cale sur sa hanche et emboîte le pas de sa petite cousine, qui sautille comme une chèvre sur le chemin herbeux.

Le soleil vire au noir. Une violente rafale froisse les branches et en détache des poignées de feuilles qui vont voler au loin. La pluie n'est pas loin. C'était couru, avec cette chaleur.

La corbeille pèse sur la hanche de Caterina, entravant sa marche. Elle a dépassé la maison du ferronnier et celle de la vieille Monnier. Dans le lointain, derrière la haie d'arbres, se cache la silhouette élégante du manoir de Cloux où travaille Magdalena, au service de l'illustre invité du roi de France, le grand Léonard de Vinci.

Une goutte de pluie roule sur la joue de Caterina, d'autres éclatent sur le sol. La petite a filé se mettre à l'abri. Caterina ralentit le pas. Elle voudrait se hâter, mais elle n'arrive pas à courir : ce panier est décidément trop lourd. Elle sera trempée. La pluie lui bat les épaules, traversant le mince coton grège, ruisselant dans son dos jusqu'aux reins, la mettant à nu sur le chemin où déjà se forment des torrents. Elle s'arrête, pose le panier et lève les yeux au ciel. Un oiseau noir traverse la nuée. Elle laisse la pluie inonder son visage.

Caterina n'a pas plutôt mis le pied dans la pièce étroite qui tient lieu de logis à sa famille qu'un cri retentit. Un cri de bête prise au piège, un cri qui n'a rien d'humain et fait trembler le carreau de l'unique fenêtre avant de vriller l'air jusqu'à la ruelle, où quelques voisines aux aguets se signent vivement en se mâchant les lèvres.

– Voilà maintenant deux heures qu'elle hurle, soupire l'une d'elles.

– Pauvre petite !

Le bonheur du roi

Le jeune roi François Ier bâille et étire sa longue carcasse en soupirant d'aise. Il se sent tout gaillard aujourd'hui. Et d'excellente humeur. D'un instant à l'autre, Laurent de Médicis, le parrain de son fils, devrait arriver de Florence avec sa cour pour assister aux fêtes du baptême qui débuteront dans trois jours. Son fils ! À la pensée du gros garçon gigotant hardiment dans son berceau, une bouffée de fierté submerge le monarque.

Il n'est pas près d'oublier ce 28 février 1518. Date bénie entre toutes !

Quelle émotion de découvrir le nourrisson qui, à peine âgé de quelques heures, tétait déjà avec vigueur le sein de sa nourrice !

– Mon fils ! s'était-il exclamé.

Il n'avait pas ressenti une telle joie à la naissance de ses deux filles, les petites princesses Louise et Charlotte.

Alors il s'était emparé du bébé et l'avait brandi vers

le ciel. Comme pour l'offrir à Dieu, comme pour l'offrir au monde.

Les lèvres minuscules de l'enfant avaient continué un instant à téter dans le vide, puis sa bouche s'était contractée, ses joues s'étaient empourprées, ses bras avaient brassé l'air, et il s'était mis à hurler.

– Tout doux, mon fils, avait-il dit en reposant l'enfant dans les bras de sa nourrice, je vous laisse à votre déjeuner.

Dans son grand lit de jeune accouchée, la reine Claude paraissait encore plus chétive et fragile que d'ordinaire. Mais elle rayonnait de bonheur. À son cou brillait la parure de perles qu'il venait de lui offrir.

Elle semblait si heureuse de lui avoir donné ce fils !

Elle en était presque devenue jolie. Pour un peu, il en aurait oublié sa poitrine creuse et cette jambe plus courte que l'autre qui la faisait boiter de façon si disgracieuse. Il s'était penché et lui avait baisé le front en disant :

– Ma mie, vous avez fait de moi le plus heureux des hommes.

À son regard, il avait senti que ces quelques mots consolaient sa jeune épouse de dix-neuf ans d'avoir été si constamment délaissée depuis son mariage.

Mais qu'y pouvait-il ? Il aimait trop la guerre et les femmes !

Une bouffée de contentement avait gonflé sa poitrine.

Ce sentiment de plénitude, cette impression d'être le maître absolu d'un monde sans frontières, il ne les avait pas ressentis avec cette intensité depuis la victoire de Marignan.

C'était il y a trois ans à peine. Il avait tout juste vingt et un ans.

Il venait de monter sur le trône de France, le front oint et sacré en l'église de Reims, la tête ceinte de la couronne des rois de France. Plein de vigueur et d'espoir...

Et déjà il entraînait ses troupes, plus de cinquante mille hommes, par-delà les Alpes, et se ruait sur l'ennemi, panache au vent, avec une ardeur et un courage sans égal.

Entouré de ses proches, Bourbon, La Palice, Fleuranges et Bayard, celui que l'on surnomme le « chevalier sans peur et sans reproche », il triomphait enfin, au terme d'un combat acharné d'un jour et d'à peine plus d'une nuit, dans la mitraille, la poussière, l'éclat mat des sabres et des cuirasses d'acier.

Mais ce 28 février 1518, il s'agissait d'une tout

autre victoire, une victoire de chair et de sang. De sa chair et de son sang.

Comme il avait été espéré ce petit prince, né après deux filles, le dernier jour de février ! « À cinq heures dix-huit après midi », avait consigné avec précision Louise de Savoie, la mère du roi, et l'heureuse grand-mère, dans son journal.

L'enfant avait été prénommé François, comme son père. Mais aussi en hommage à l'ermite François de Paule, sur la tombe duquel Louise de Savoie avait tant prié pour que naisse enfin un héritier à la couronne de France. Ce même ermite qui lui avait prédit, vingt-trois ans plus tôt, la naissance de François, son fils adoré qu'elle appelait avec ferveur son « César », du nom du plus illustre des empereurs romains. François de Paule n'avait-il pas dit aussi qu'il serait roi de France ?

Le souvenir d'un père

François Ier peste. Un émissaire vient de lui annoncer que Laurent de Médicis aurait un ou deux jours de retard. Dire qu'il a passé la journée entière au château à l'attendre ! Quelle perte de temps ! Une journée entière sans chasse ni chevauchée ! Non, décidemment, il n'aime pas qu'on le prive de son bon plaisir. Une furieuse envie de bouger le saisit. Il a besoin de se dégourdir les jambes, de se distraire. Il rouscaille, rouspète, s'agite et tourne en rond. Que peut-il faire de plaisant en plein milieu de l'après-midi ?

Il grogne encore un peu, mais retrouve vite sa bonne humeur. Il a trouvé : il va aller porter sa « surprise » à Léonard de Vinci, l'illustre Italien qui, depuis quelques mois, est son invité à la cour de France et qu'il chérit et respecte comme un père.

L'intelligence et l'étendue du savoir de messire Léonard le subjuguent. Il est encore émerveillé qu'il ait si simplement accepté son invitation à venir résider dans son royaume de France. Quelle fierté ! Nul doute que le monde entier lui envie cet hôte exceptionnel.

François Ier en est si reconnaissant au vénérable vieillard qu'outre une pension de mille écus or et la mise à disposition du joli petit manoir de Cloux il le couvre de cadeaux qui sont autant de prétextes à venir lui rendre visite.

Sa conversation l'enchante.

Car Léonard n'est pas seulement son « premier peintre et premier architecte », il est premier et grand en tout, en géométrie, en mécanique, en hydraulique, en géologie, en anatomie… Aucune discipline n'échappe à sa curiosité. Son savoir est encyclopédique, ses recherches sont sans limites. Il a l'imagination des choses à venir. Une imagination sans bride, sans frontières, pour un inventeur hors pair qui conçoit des machines improbables, propres à révolutionner le monde.

Se peut-il qu'un jour les hommes volent à bord de ces oiseaux de bois et de toile dont il a construit la structure ? Qu'ils descendent au fond des mers et marchent sous l'eau en respirant comme sur terre et sans être le moins du monde mouillés ?

Pour se rendre au manoir de Cloux, rien de plus simple : un passage secret relie le château d'Amboise à la résidence de Léonard de Vinci.

François Ier a toujours plaisir à revoir la jolie demeure de brique rose et de pierre blanche de son enfance. Car c'est entre ces nobles murs qu'il a grandi, en compagnie de Marguerite, sa sœur aînée – elle a deux ans de plus que lui –, sous la tendre protection de Louise de Savoie, leur mère. Veuve à dix-neuf ans, celle-ci a consacré ses plus belles années à l'éducation de ses deux enfants, tremblant à chacune de leur maladie, s'affolant à la moindre chute ou blessure de son César. Car François, enfant, était intrépide et téméraire.

Le jeune roi sourit à l'évocation de sa mère bien-aimée. Assurément la plus aimante et attentive des mères ! Après la mort prématurée de son père, Charles d'Orléans, elle s'était attachée à faire de lui un gentilhomme accompli. Elle avait veillé au développement harmonieux de son esprit et de son corps, confiant à des précepteurs choisis avec soin la tâche de lui transmettre l'amour des belles lettres, des langues, des arts et des sciences. Et à d'autres maîtres la charge de l'initier à l'art de la guerre et à celui de la chasse.

Comme le jardin de Cloux lui paraissait grand en ce temps-là ! Et comme il s'y était amusé, jouant à la grosse balle et à la guerre, avec ses amis Philippe Chabot, Anne[1] de Montmorency et Fleuranges, entre les ifs et les noisetiers. Parfois aussi dans le petit verger, au milieu des arbres fruitiers, ou dans le potager, saccageant les rangées d'ail, d'oignon, de choux-raves, au grand dam de sa nourrice Mathurine…

Il aimait tant alors se baigner avec eux dans l'Amasse, la rivière paisible qui traverse le jardin ! Et courir, et jouer à cache-cache dans le manoir, de la cave à l'oratoire d'Anne de Bretagne, au risque de se rompre les os dans l'escalier de pierre !

C'est dans la forêt voisine qu'il avait appris à monter à cheval, fièrement, sans selle ni couverture, comme il se doit quand on est gentilhomme. Et c'est dans ces mêmes futaies, ces mêmes taillis qu'il avait découvert le bonheur de chasser jusqu'à tomber de fatigue tout ce que la terre porte comme gibiers, à plumes, à poils, à cornes ou à bois.

« Plus tard, rêve-t-il, j'apprendrai à chasser à mon fils. Nous chevaucherons ensemble sur nos beaux

1. À l'époque, Anne était aussi un prénom masculin.

domaines du val de Loire, nous courrons le cerf à la Chapelle et je lui montrerai comment le prendre au filet. » À cette évocation, ses yeux s'embuent et une brusque émotion le submerge. Il n'a jamais connu ce doux partage avec un père. Le sien est mort quand il avait à peine plus d'un an. Mais son attendrissement est de courte durée. Il n'est pas homme à se laisser dominer par ses émotions.

– Holà, lance-t-il à la cantonade, qu'on aille chercher la surprise de messire Léonard !

Accompagné de deux pages, l'un porteur d'une torche allumée, l'autre d'un volumineux paquet entouré de soie grenat, le jeune roi s'engage dans l'étroit souterrain…

La mort rôde

Une fois Caterina arrivée chez elle, il lui faut un moment pour s'accoutumer à la pénombre.

Lorsque le voile d'obscurité s'estompe enfin, elle distingue ses tantes, Peppa et Francesca, sa cousine Anna, deux voisines et dans le fond, là où se dresse le lit, la forte silhouette de la veuve Lardin, la matrone qui à Amboise préside à tous les accouchements.

Pepe, le visage barbouillé de morve, lui tend les bras en couinant comme une souris. Caterina serre son frère contre elle, caresse le petit crâne qu'il a bien fallu raser pour tenter d'éradiquer la gale qui le mettait à vif.

Un nouveau hurlement retentit, puis un long gémissement. Ce n'est assurément pas un endroit pour un enfant.

Caterina saisit une étoffe qui se trouve là, posée sur un coffre, en couvre la tête de Pepe et emporte l'enfant dehors. La pluie a cessé aussi soudainement qu'elle était venue. Un parfum de terre mouillée flotte dans l'air et un bel arc-en-ciel fait un pont au-dessus des toits des maisons. Pepe le découvre avec ravissement et agite les mains comme s'il voulait l'attraper.

Francesca, leur tante, une grande femme énergique, les rejoint.

– Donne-le-moi que je l'emmène. Il sera mieux chez moi avec mes gosses.

Elle saisit le petit qui, surpris, s'agrippe à sa sœur en poussant de petits cris et en se débattant de toute la force de ses membres chétifs. Mais elle a de la poigne, Francesca. Elle plaque Pepe contre son opulente poitrine et l'embarque sans autre forme de procès.

Un nouveau cri déchire l'air.

Caterina retourne dans la pièce. Alors seulement elle remarque son père.

La tête entre les mains, Antonio Graci est affaissé sur la table. Ces cris d'effroyable douleur, il les a tout de suite reconnus. Ce sont les mêmes qui ont retenti il y a à peine plus d'un an, le jour où Giulia, sa femme, la mère de ses enfants, a perdu la vie en la donnant à Emilio, le garçon pâle et malingre que l'on n'a jamais appelé autrement que Pepe, allez savoir pourquoi…

Faut-il vraiment qu'aujourd'hui l'histoire recommence !

Comment supporter que Magdalena, sa fille aînée, sa fierté, son trésor, celle que dans le pays, on a baptisé « la belle Madeleine », soit elle aussi frappée par cette malédiction ! Maudit Fleuranges ! Car c'est bien de lui qu'il s'agit. Nul n'ignore à Amboise que le meilleur ami du roi a séduit Magdalena.

Magdalena comme Giulia

Antonio n'est pas aveugle. Il a bien remarqué la petite lumière qui dansait dans les yeux de sa fille lorsqu'elle lui a raconté qu'un gentilhomme était venu au manoir pour rencontrer le grand Léonard de Vinci, d'abord en compagnie du roi, puis seul. Et si souvent qu'il ne fallait pas être bien malin pour comprendre que le maître n'était pas seul à le passionner !

Magdalena a hérité de la beauté de sa mère : le front haut, de beaux yeux en amande, un nez droit, une bouche petite et charnue, dans l'ovale parfait d'un visage de madone.

Et comme rien ne résiste à ce que gentilhomme veut, Fleuranges a obtenu ce qu'il désirait… Les grands de ce monde se soucient bien peu de voler l'honneur des filles. Ils se dédouanent en leur offrant un collier ou une bague, avant de s'en retourner, le cœur léger, à leur foyer.

Antonio a bien vu la perle fine qui, depuis peu,

ornait le cou de sa fille, tandis qu'elle cherchait à dissimuler, tant bien que mal, sa taille ronde sous d'amples tabliers.

Il n'était pas dupe : il avait tout de suite compris qu'elle attendait un enfant. Mais il n'a rien dit.

Après tout, il n'est qu'un étranger, un pauvre menuisier italien, débarqué il n'y a pas si longtemps de Toscane avec sa famille.

Il est bien placé pour savoir que l'on ne résiste pas aux riches et aux puissants. Depuis qu'il est arrivé en France, il est à leur service. Il ne manque certes pas de commandes, mais il est corvéable à merci, et pas toujours payé à hauteur de son travail. Qu'y peut-il ? Il lui faut bien se taire et s'incliner pour nourrir sa famille.

La veuve Lardin va et vient d'un pas si lourd qu'il en ébranlerait presque les poutres basses du plafond.

Antonio s'est couvert les oreilles des mains pour ne plus entendre le gémissement continu de Magdalena.

Il se souvient de sa Giulia, si belle lorsqu'il l'a épousée. Et de son visage vingt ans après : les yeux creusés, les traits tirés et le visage cireux.

À trente-six ans, elle paraissait sans âge, le corps déformé, les jambes trop lourdes, les bras décharnés, sa pauvre poitrine labourée par seize maternités successives.

Seize maternités ! Comme si les petits germaient sans fin et grandissaient dans son corps, lui aspirant la vie de l'intérieur. À se demander comment elle arrivait encore à tenir debout.

Parfois, les nourrissons ne survivaient que quelques heures, quand ils n'étaient pas déjà morts à la naissance. Seize maternités pour cinq enfants vivants : Magdalena, l'aînée, Maria, Caterina, Carlo et Pepe, le dernier-né, si petit qu'on pourrait le qualifier de miraculé.

Des filles, seule Caterina demeure encore à la maison. Caterina la Simple, qui n'a pas dit un mot, un seul, depuis la mort de sa mère, comme si celle-ci avait emporté la langue de sa fille dans sa tombe. Magdalena est servante au manoir de Cloux, Maria chez un seigneur des environs.

C'est Caterina qui prend soin de la maison et de ses frères. Elle trime du matin au soir sans que personne ne se soucie vraiment de savoir ce qu'elle pense ou ressent.

Le grand Gilles

Caterina s'approche du lit clos où gît sa sœur dans un fouillis de draps. Elle est si pâle, Magdalena, qu'on dirait que la vie l'a déjà quittée.

– Va donc te changer ! lui crie la veuve Lardin en désignant sa robe trempée. Il y en a assez d'une à attraper la mort aujourd'hui !

La jeune fille tâte l'étoffe qui fume dans la pénombre tiède et, se glissant discrètement derrière un coffre, passe un jupon et un corsage secs.

Lorsqu'elle revient auprès de sa sœur, la veuve Lardin brandit un petit paquet sanguinolent dont Caterina détourne les yeux. Ce qu'elle a entrevu ne peut pas être un enfant. Elle croise le regard affolé de sa tante Francesca, qui se précipite vers Magdalena un linge à la main… non, deux… non, trois.

C'est qu'elle perd tout son sang, Magdalena, un beau sang rouge vif que rien ne peut arrêter et qui s'échappe de son corps comme la vie tandis que son visage gris repose sur l'oreiller. Plus un cri, plus un gémissement. Et les yeux clos. Son âme est passée en silence. Magdalena n'est plus.

À genoux près du lit, Caterina embrasse la main inerte de sa sœur. Le père la rejoint. Il a le regard vide.

Caterina lui cède la place au chevet de sa fille aînée.

C'est alors qu'un grand gaillard brun aux sourcils broussailleux fait irruption dans la pièce. Sa chemise en grosse toile de lin est fortement échancrée sur sa poitrine velue, un coutelas pend à sa ceinture. Tout le monde connaît le grand Gilles à Amboise.

– Eh, Madeleine, où es-tu ? La vieille est furieuse, elle t'attend depuis ce matin. Tu as intérêt à rappliquer à la minute. Sinon, crois-moi, tu vas…

Sa phrase reste en suspens. Gilles vient de percevoir, plus que de voir, les silhouettes immobiles dans la pièce. Il sent soudain le poids d'un silence inhabituel, un silence qui ne lui dit rien de bon.

– Madeleine ? hasarde-t-il de nouveau.

– Paix à son âme, lui répond une voix de femme.

Gilles recule d'un pas. Il ne fait pas bon s'attarder dans une maison où la mort vient de frapper. Sait-on jamais ? S'il lui prenait l'envie de recommencer ? Il ferait mieux de prendre ses jambes à son cou…

Mais Mathurine, la cuisinière du manoir de Cloux, a été claire : « Ne t'avise pas de revenir sans la fille ou l'une de ses sœurs », lui a t-elle dit. Et elle a ajouté : « Puisque Antonio Graci en a trois, de filles ! »

Car Mathurine s'est blessée, et même salement blessée !

Une profonde coupure au doigt la prive de l'usage de sa main droite et l'empêche de servir maître Léonard, le protégé du roi, comme il le mérite, et comme elle s'y emploie depuis qu'il est arrivé de Florence, il y a quelques mois.

Le grand Gilles bredouille :

– Elle est donc… passée, Madeleine !

– Oui, répond Antonio, tout à l'heure.

– C'est que, chuchote le garçon, impressionné par la présence de la morte dans la pièce, Mathurine a besoin d'aide au château. Si je rentre seul, elle me jettera dehors, et il faudra que je reparte en quête d'une servante. Maria ne pourrait-elle venir avec moi ?

– Tu sais bien, Gilles, que Maria ne vit plus avec nous depuis presque un an.

– Il est vrai, il est vrai. Alors… Caterina ?

– La place de Caterina n'est pas au château. Elle ne saurait pas y faire.

– Mathurine lui montrera.

– Elle ne comprendrait pas.

– Si Mathurine lui montre, elle comprendra, répète Gilles, buté. Maître Léonard ne mène pas un train de seigneur, il passe ses journées à étudier comme un sage. Il est doux et humble, et Battista est là aussi pour le servir, ainsi que l'autre, son élève, le Melzi. Et puis ce ne sera peut-être l'affaire que de quelques mois.

Il se tait et attend. Antonio ne dit mot.

Le garçon se fait sournois.

– Faut-il donc vraiment que j'annonce à Mathurine que vous refusez ?

Antonio sait bien ce que cela signifie. Mathurine a l'oreille du roi, dont elle fut autrefois la nourrice. Un simple mot d'elle suffirait à le discréditer à la cour.

– Qu'elle y aille, dit la tante Peppa à son frère, je m'occuperai de Carlo et de Pepe avec Anna. Après tout, elle a presque onze ans, elle peut bien tenir la maison.

– Alors soit ! Que leur volonté soit faite, murmure Antonio.

Dans la chambre de Léonard

Léonard est à sa table de travail, la plume en suspens.

Son regard se perd par l'étroite fenêtre à meneaux, en direction des tours du château d'Amboise dont l'élégante découpe se distingue à peine dans la brume dorée qui monte de la Loire. Ses yeux, cernés de petites rides, ont la couleur incertaine des fleuves en hiver : vert, bleu trouble et gris. Et sa longue barbe blanche ruisselle en cascade d'écume sur le large col de marte du confortable manteau fourré qu'il n'a pas quitté de l'hiver.

Il fait un temps curieux, tout semble embué.

Ce flou vaporeux qui entoure toute chose, est-ce le propre de ce pays de Loire ou l'effet de son âge ?

Le vieil homme plonge sa plume dans l'encre brune et se remet à écrire, de cette écriture ferme et ronde qui court de droite à gauche, cette écriture mystérieuse que le commun des mortels ne peut lire que par réflexion dans un miroir.

Pourquoi se priverait-t-il d'écrire à l'envers, puisque cela lui est si facile ? Simple tour de main ! Il était gaucher quand il était enfant, mais, depuis longtemps, il est aussi habile de la main droite que de la main gauche. Il aime l'idée d'avoir créé sa propre écriture et de préserver ainsi le secret de ses manuscrits.

Il sait bien que, derrière son dos, certains murmurent que le diable s'exprime par sa main. Mais il n'a que faire des rumeurs colportées par les jaloux et les malfaisants, toujours prompts à juger ce qu'ils ne comprennent pas.

Il note : « L'homme a une grande puissance de parole, mais elle est en partie creuse et décevante... »

– Maître, Maître !

Battista a fait irruption dans la chambre. Il est rouge d'excitation.

– Le roi est dans la cour, il demande à vous voir.

Léonard pose sa plume et se tourne avec précaution vers son serviteur.

Cette lenteur ne lui est pas coutumière. Depuis quelques jours, il souffre de douleurs dans le cou, dans le bras. Maudite humidité du val de Loire ! Comme si le fleuve sauvage avait imprégné le sol, l'air, rongeant les caves et les murs des maisons, s'infiltrant au cœur des tapisseries, des couvertures, des courtepointes, avec autorité et grande douceur.

La chaleur du dehors peine à se propager à l'intérieur des murs et un épais manteau n'est pas de trop pour se réchauffer les os.

Léonard sent bien que son bras ankylosé peu à peu se paralyse. Il a beau faire des exercices quotidiens, remuer le bras, la main, les doigts, il a maintenant le sentiment d'avoir un bout de bois en guise d'extrémité.

Battista attend, suspendu à ses lèvres.

– Que dois-je répondre au roi ?

– Que je viens à sa rencontre.

Battista n'en écoute pas plus, il se précipite dans l'escalier pour informer le souverain que messire Léonard va le recevoir.

Une surprise bien vivante

La silhouette du monarque s'encadre dans la porte. Il a le teint clair, le cheveu noir, et le nez si proéminent que longtemps on l'a surnommé « Grand Nez ». Du haut de ses presque deux mètres, portant fièrement chapeau à panache, pourpoint de velours vert éclatant barré d'une lourde chaîne en or, il contemple avec attendrissement Léonard qui s'avance vers lui. Comme il paraît frêle et fragile, son grand homme ! Dire qu'autrefois il était presque aussi grand que lui.

Il se souvient de leur première rencontre.

C'était à Bologne, juste après le triomphe de Marignan. Le pape Léon X, avec lequel il était venu négocier la paix, avait souhaité la présence de Léonard, car il savait que le Français l'admirait.

Comme Léonard l'avait intimidé ce jour-là ! Il avait à peine parlé, mais son silence éclairé et l'intelligence de son regard lui avaient fait plus d'effet que le plus brillant des discours.

Le jeune roi de France l'avait ensuite revu à Pavie, où le grand artiste avait organisé en son honneur une fête paradisiaque dans la ville en liesse. François Ier s'en souvient encore… Lui, François, s'était avancé sous les hourras de la foule, foulant un somptueux drap de soie bleue, au son des violes, des trompes et des flûtes, jusqu'à un formidable lion automate qui avait déversé à ses pieds des flots de fleurs de lys. Jamais on ne l'avait fêté pareillement ! Comment aurait-il pu imaginer alors que le génial ordonnateur de cette fête serait un jour son hôte !

Le roi s'avance en souriant et serre Léonard dans ses bras.

– *Padre*, je suis heureux de vous voir !

– Moi également, Sire, quelle bonne surprise ! Ne deviez-vous pas recevoir aujourd'hui la visite de Laurent de Médicis ?

– En effet, mais il a été retardé. Il n'arrivera que demain.

– Je bénis ce contretemps qui me vaut le plaisir de vous voir ici. Comment vont la reine et le dauphin ?

– L'enfant est gaillard et braille fort, comme son père. Quant à la reine, elle est rose et radieuse. Je la sais impatiente de vous montrer combien son fils est devenu grand et vigoureux. En attendant je vous ai apporté une surprise, ajoute-t-il en désignant le mystérieux paquet que le petit page, un ravissant blondinet debout à son côté, porte avec précaution. Allez, mon garçon, fais-nous voir ce que tu caches là !

Le petit page rougit et, d'un geste timide, fait glisser la soie, dévoilant une grande cage dorée dans laquelle un tout petit singe apeuré cligne des yeux à la lumière. Son minuscule visage noir est auréolé de poils clairs. Il se tripote le bout des doigts en regardant de gauche à droite.

– Je sais l'amour que vous portez aux animaux, dit le roi. Aussi, lorsque l'on m'a apporté ce macaque, ai-je aussitôt pensé à vous l'offrir. Il vient de l'Afrique. Il est tout jeune et très joueur. Il devrait vous amuser.

– Sire, je ne sais comment vous remercier. J'ai eu autrefois, lorsque je travaillais pour le duc Sforza, à Milan, un petit singe qui lui ressemblait. Salaï l'adorait.

À l'évocation du nom de son élève chéri, son fils adoptif, son chenapan adoré, une petite tristesse brouille le regard de Léonard.

Salaï vient de repartir pour Florence, en déclarant que la campagne française l'ennuyait à mourir et qu'il ne supporterait pas un jour de plus l'humidité du val de Loire ni ces benêts de Français.

Un tremblement de terre n'aurait pas fait plus d'effet à Léonard. Comment Salaï pouvait-il le quitter ainsi ? Il y avait plus de vingt ans qu'ils vivaient sous le même toit ?

Oui, plus de vingt ans ! Salaï avait dix ans lorsqu'il était entré comme apprenti dans son atelier. Il était vif, joyeux, colérique et roublard. Mais quel charme ! Salaï le menait par le bout du nez. Léonard en était fou. Il lui pardonnait toutes ses bêtises et, plus tard, il avait épongé toutes ses dettes.

Il avait pourtant bien dû se résoudre à le laisser partir. On ne résiste pas à Salaï.

Léonard approche précautionneusement la main de la cage et, passant un doigt à travers les barreaux, caresse le dos menu du singe. Sous la douce fourrure, il sent les minuscules vertèbres emboîtées d'un petit squelette de rien.

– Vous pouvez le prendre, *Padre*, il est moins sauvage qu'il n'en a l'air, dit le roi amusé.

Léonard soulève le loquet, ouvre la porte et introduit la main dans la cage. L'animal a un mouvement de recul. Son échine est parcourue d'un bref frisson.

Il lève la tête et, se faufilant hors de la cage, escalade le bras tendu de Léonard pour aller se nicher sur son épaule. Sa petite figure noire troue la barbe blanche du maître.

Léonard sent un liquide chaud couler dans son cou.

– Mmh ! Je crois bien qu'il m'a pissé dessus !

Le roi éclate de rire. Il est ravi.

– Il n'a pas été long à vous adopter.

– *Mascalzone* ![1] s'exclame Battista. Attendez donc que je vous en débarrasse.

Le petit singe plonge la tête dans la barbe de Léonard. Le roi rit de plus belle.

– Ne t'inquiète pas, Battista, proteste Léonard, le mal est fait. Il est à moitié mort de peur.

– J'ai offert son frère jumeau à la reine pour la remercier de m'avoir donné un héritier, raconte le roi, mais elle l'a à peine regardé. Elle n'avait d'yeux que pour son fils.

– Je ne méritais nul cadeau, Sire. Seule la reine pouvait y prétendre en ces jours de bonheur.

– Sans doute, *Padre*, mais tel est mon bon plaisir. Je vous avais dit qu'il vous amuserait !

1. « Le sacripant ! »

Léonard se force à sourire.

En vérité, le petit singe lui laboure le cou de ses ongles effilés.

Qui est cette beauté ?

Le roi est sur le point de partir comme il est venu. Aujourd'hui pas plus qu'un autre jour, il ne tient en place.

Son regard va de Léonard à la fenêtre, de la fenêtre à la table, de la table à la porte, lorsqu'il est arrêté par la plus délicieuse des apparitions.

Sur le mur, face au grand lit en bois sombre du maître, une jeune femme lui sourit.

Elle rayonne d'une beauté tranquille, de celles qui viennent de l'intérieur de l'âme.

François Ier contemple ce portrait que Léonard de Vinci a apporté avec lui d'Italie. Le maître le lui a déjà montré, mais jamais il ne lui a trouvé autant de charme qu'en ce jour.

Un rien cabotin, il porte la main à son cœur.

– Rappelez-moi, *Padre*, qui est cette beauté ? Vous ai-je déjà demandé de me la présenter ? Elle est la femme idéale, l'absolu fait femme, celle que tout homme cherche sans le savoir, tout au long de son existence. Je ne peux plus envisager la vie sans elle.

– Il est vrai qu'elle est belle, Mona lisa, mais je serais bien en peine de vous dire où elle se trouve actuellement. Pensez donc : j'ai peint son portrait il y a plus de dix ans. Peut-être est-elle morte à l'heure qu'il est !

– Alors au moins, de grâce, cédez-moi son portrait. Votre prix sera le mien.

– Le voudrais-je, Sire, je ne le pourrais. Ce tableau n'est toujours pas terminé. J'y travaille de temps à autre. Je ne pourrai pas m'en séparer tant que je n'en serai pas entièrement satisfait.

– Mais, *Padre*, cette douceur de traits, ces narines palpitantes, ce ravissant modelé de la bouche sont déjà perfection. Que pourriez-vous y ajouter ?

– Un supplément d'âme, répond Léonard. J'y travaille.

Le roi a fini par partir.

Léonard ressent une grande lassitude.

Le petit singe a sauté sur ses genoux et plisse son minuscule front en le regardant d'un air bravache. Léonard soupire. Lui offrir un singe, quelle idée !

Il s'est bien gardé de dire à François Ier qu'il conservait un fort mauvais souvenir de sa cohabitation avec

Caio, son précédent singe. L'animal était chapardeur, coléreux, imprévisible, ressemblant en cela singulièrement à Salaï.

Mais ce qu'il était prêt à supporter de son jeune apprenti, il n'était pas disposé à l'endurer d'une bête, si humaine fût-elle. Car on pouvait dire que Caio lui en avait fait voir de toutes les couleurs ! Jusqu'à ce qu'il meure, brusquement, d'un accès de fièvre fulgurant. Un véritable soulagement ! Léonard s'était juré de ne plus jamais avoir de singe. Et voilà que par le bon vouloir d'un jeune roi de vingt-trois ans il se retrouvait propriétaire d'un nouveau macaque...

Il y avait déjà pourtant assez de chats dans les couloirs du manoir de Cloux pour combler sa passion des animaux ! Deux d'entre eux avaient d'ailleurs pris l'habitude de se faufiler dans sa chambre pour venir dormir sous son siège, sur son lit, et même parfois sur ses genoux, en ronronnant.

Léonard a toujours aimé l'élégance et l'indépendance des félins.

Qu'a-t-il besoin d'un singe à soixante-six ans ?

Qu'a-t-il besoin d'être diverti à son âge ?

Un très long voyage

Léonard soupire encore.

Quelle idée aussi d'être venu s'enterrer ici !

Certes, il est bien installé et à l'abri du besoin dans ce petit château confortable que le souverain a mis à sa disposition. Certes, Mathurine, la cuisinière, la propre nourrice du roi, veille sur lui à la perfection, lui confectionnant les mets simples et goûteux qu'il affectionne – son minestrone est aussi bon, sinon meilleur, qu'à Florence.

Mais les collines odorantes de Toscane lui manquent, les champs d'oliviers argentés, les torches sombres des cyprès et, surtout, ce grand ciel bleu sans nuages qui pacifie toute chose. Il a la nostalgie des ruelles de Florence, de leurs odeurs fortes, à la fois suaves et dérangeantes, des tavernes enfumées, du murmure inquiétant des bas-fonds, de la vie grouillante de la ville.

Oui, la ville lui manque.

Et pourtant, lorsqu'il était là-bas, il n'aspirait qu'au calme. Il était las des intrigues.

Après la mort de Julien de Médicis, son protecteur, il s'était retrouvé seul, sans soutien, sans appui d'aucune sorte. On lui avait fait comprendre que son heure était passée. En un mot, qu'il était trop vieux.

À Florence, le pape lui préférait Michel-Ange et le jeune peintre Raphaël.

Alors il s'était résolu à accepter l'invitation de François Ier. Il avait fait ses bagages, distribué ce qu'il ne pouvait emporter, et s'était mis en route avec Salaï, son élève Francesco Melzi et le jeune Battista, son serviteur.

Il avait choisi la sécurité et le confort d'une retraite dorée.

Mais maintenant qu'il a tout le loisir de savourer cette existence paisible, il a l'impression d'être dans l'antichambre de la mort.

Retourner au pays ! Il sait bien qu'il n'en est pas question.

Le voyage a été plus long que prévu. Il a duré trois mois, à dos d'âne et de mule. La traversée des Alpes s'est transformée en épreuve, et parfois même en enfer, avec un Salaï qui se plaignait de tout, menaçait de rebrousser chemin ou de se jeter dans un précipice.

Une des mules était morte en route et il avait fallu

répartir son chargement sur les autres. Le train s'en était encore trouvé ralenti. Pourtant, Léonard avait le sentiment de n'avoir pris que l'essentiel, quelques effets personnels, trois tableaux, ses carnets… mais il est vrai que ces derniers étaient nombreux et qu'ils pesaient fort lourd.

Puis il avait encore fallu aller de Grenoble à Lyon, emprunter la route de Vierzon, suivre le cours du Cher, avant d'être enfin accueilli en chemin par le roi de France, venu en personne à sa rencontre.

Pour rien au monde il ne referait ce voyage.

Il est trop vieux, trop fatigué.

Il sait bien qu'il mourra ici, dans ce château, et peut-être même dans cette chambre d'où il peut contempler, au matin, la flèche de l'église Saint-Hubert et la haute stature du château d'Amboise. Il mourra ici à l'ombre d'un roi piaffant de jeunesse, dans la délicatesse de ces ciels qui l'émerveillent autant qu'ils le déroutent.

Mais à quoi bon ressasser ? Il a choisi, il lui faut bien assumer maintenant !

Et d'ailleurs, qu'importe le lieu, il a de quoi faire : une seconde vie n'y suffirait pas.

Heureusement que Melzi, son merveilleux Melzi, l'aide à mettre de l'ordre dans ses écrits.

Léonard a bien essayé de s'en sortir tout seul, mais la tâche s'est vite révélée impossible : trop lourde et trop ingrate.

Il a besoin de la rigueur de Melzi.

Mais sera-t-elle suffisante ? Arriveront-ils jamais à élaborer le grand livre universel qu'il projetait d'écrire ? La plus grande encyclopédie de tous les temps ! Il sent bien qu'il a été trop ambitieux. À tout vouloir traiter, il a parfois le sentiment de s'être perdu. Ne serait-il pas plus raisonnable de faire marche arrière, de sélectionner certains sujets et de les retravailler en vue d'une publication ?

Avec Melzi, il pourrait peut-être y arriver.

Que ferait-il sans lui ?

Il est délicat, fin, respectueux. Tout le contraire de Salaï. Pas étonnant que son petit chenapan en ait pris ombrage et ait préféré s'en aller !

Salaï lui manque cruellement, mais il doit bien reconnaître que la vie est plus calme depuis qu'il est parti.

Et maintenant ce singe !

Léonard prend une pomme dans le compotier, en coupe un quartier et le tend à l'animal.

La petite bête s'en empare d'un geste vif et

commence à dépiauter délicatement le fruit de ses doigts minuscules, portant avec gourmandise d'infimes morceaux à sa bouche et les mâchouillant en poussant des cris de plaisir.

Léonard ne peut s'empêcher de sourire. Ce mélange de goinfrerie et de délicatesse, c'est tout le portrait de Salaï !

Melzi

Melzi a rejoint Léonard dans la chambre.

Le singe, méfiant, se réfugie sur l'épaule du maître, tout contre son cou.

Melzi éclate de rire.

– Un singe ! Il ne manquait plus que ça !

– Cadeau du roi !

– J'en avais un, enfant, à Vaprio. Je le nourrissais de confitures sèches. Il en est mort, le pauvre. J'étais inconsolable.

Le jeune homme de vingt-six ans a un geste désinvolte de la main pour rejeter en arrière la mèche de cheveux châtains qui lui barre le visage.

Les traits réguliers, le regard clair, il est d'une grande beauté.

– Voulez-vous, Maître, que nous reprenions là où nous en étions restés ?

– Volontiers, Francesco, revenons à notre *ornitottero*.

Le maître et l'élève s'assoient l'un en face de l'autre.

Et tandis que Melzi rassemble les pages que Léonard a consacrées à sa machine volante, celui-ci laisse son esprit vagabonder.

– D'aussi loin que je me souvienne, je crois bien que j'ai toujours voulu voler… T'ai-je déjà raconté ce souvenir d'enfance, Francesco ? Je devais être encore au berceau et un oiseau, un milan il me semble, est venu jusqu'à moi et m'a ouvert la bouche avec sa queue…

– Voilà qui est étrange.

– Très étrange, en effet. Les plumes de l'oiseau me battaient les lèvres. Je les sentais palpiter à l'intérieur de ma bouche, contre mon palais.

– Vraiment ?

– Oui, j'étais à la fois terrifié et fasciné.

– Je veux bien le croire.

– Mais est-ce vraiment un souvenir ? N'est-ce pas plutôt un rêve ? Avec les années, songe et réalité se rejoignent et se fondent. Il m'est parfois difficile de démêler le vrai du faux.

– Quoi qu'il en soit, c'est une histoire peu banale. Il n'est pas étonnant que vous ayez consacré tant d'énergie et de temps à étudier le vol des oiseaux !

– Sans doute, sans doute… mais nous nous égarons. As-tu retrouvé les notes que tu cherchais ?

– Oui, Maître.

– Relis-moi ce que j'ai écrit à propos de l'*ornitottero*. Je t'écoute.

Melzi lit :

– « Un oiseau est un instrument qui fonctionne selon la loi mathématique, instrument que l'homme est capable de reproduire avec tous ses mouvements, mais non avec une force correspondante. »

– C'est exact. Si l'oiseau peut voler, alors rien n'empêche l'homme de voler lui aussi à l'aide d'une machine conçue à cet effet. Comme tu le sais, c'est le vol des oiseaux qui a dicté mes recherches. Les ailes de mon appareil sont inspirées de celles des chauves-souris. Elles sont articulées et se meuvent au moyen d'un levier. Si tu regardes attentivement mon dessin, tu verras qu'elles peuvent aussi se replier, grâce à un système de poulies et de ficelles.

– En effet, je vois tout cela. Sous un autre dessin, vous avez noté : « filet », « jonc », puis un mot que je n'arrive pas à lire. Regardez plutôt.

– « Papier », j'ai écrit « papier »…

– Je lis également : « planche de sapin attachée par-dessous ».

– Oui, c'est sur cette planche que le conducteur de l'appareil s'allongera. Elle devra être de bonne taille, de façon à supporter le poids d'un homme. Pour le reste, il faudra bien sûr privilégier les matériaux légers, souples et solides, tels que le papier enduit, le taffetas amidonné ou la toile recouverte de plumes.

« Taffetas amidonné, toile recouverte de plumes », note Melzi.

– On enduira de graisse les lanières en cuir pour les assouplir. Pour l'ossature, du jonc et de l'acier feront l'affaire. Quant aux ressorts, ils seront en corne.

« Jonc, acier, corne », note encore Melzi.

Puis, s'adossant au fauteuil et plongeant ses yeux dans ceux de Léonard, il demande :

– Franchement, Maître, pensez-vous que l'homme pourra un jour voler avec une telle machine ?

– Je l'espère, Francesco, je l'espère de tout mon cœur. Mais de là à l'affirmer avec certitude, honnêtement, non ! Il faudra bien un jour en avoir le cœur net et se livrer à l'expérience. Je voulais le faire, mais le temps m'a manqué. Et maintenant, il est trop tard.

– Je l'expérimenterai pour vous !

– Alors fais en sorte de t'élancer au-dessus d'un lac, pour éviter de te rompre les os, si par malheur tu venais à tomber ! Et de t'équiper d'une bouée, pour ne pas non plus te noyer ! Voler est chose périlleuse, mon cher Francesco !

En route vers l'inconnu

Sait-elle seulement où elle va, Caterina la Simple, alors qu'elle chemine vers le manoir de Cloux, à côté du grand Gilles aux sourcils ébouriffés ?

Sait-elle que dans le petit château de brique et de tuffeau séjourne le peintre admiré de tous, l'ingénieux ingénieur, l'architecte renommé, la célébrité de son temps, le génial Léonard de Vinci, que François Ier a invité à sa cour ?

Qu'a-t-elle saisi de ce que Magdalena a pu en dire, au cours des quelques mois qu'elle a passé dans les cuisines du manoir, sous les ordres de Mathurine ?

Et à quoi pense-t-elle, Caterina, tandis qu'elle franchit le porche en compagnie du grand Gilles qui ne dit mot – pourquoi perdrait-il son temps à parler à une simple d'esprit ?

À quoi pense-t-elle ? Nul ne s'en soucie jamais.

Elle a toujours été différente, Caterina. Lorsque sa mère était vivante, on l'entendait parfois proférer quelques paroles de ce souffle rauque qui ne semble pas lui appartenir. Mais à sa mort, elle s'était tue. Plus un mot, tout au plus un chantonnement. Alors on avait pris l'habitude de faire comme si elle n'existait pas.

Qu'importe ce qu'elle ressent – fatigue, douleur, gaieté ou tristesse ! Caterina est celle qui est toujours là, qui ne rechigne pas à la besogne et obéit aux ordres qu'on lui lance à voix trop forte : « Va ! Lave ! Coupe ! Tranche ! Balaie ! » L'impératif régit sa vie sans qu'aucune ombre ne vienne jamais troubler ses traits réguliers.

Quoique moins jolie que Magdalena – l'ovale du visage, l'arc des sourcils n'ont pas la même perfection –, elle a de grands yeux gris mélancoliques, une bouche petite et bien dessinée, de beaux cheveux dont les reflets captent la lumière du soleil. Certains l'appellent « la Simple », d'autres « la Folle ». Les gens ont vite fait de mettre dans des cases ceux qui ne leur ressemblent pas.

Caterina lève les yeux. Les fenêtres du manoir découpent leurs fines ogives sur la façade rose et la tour aux gargouilles de pierre semble partir à l'assaut d'un ciel où s'étirent de grands chariots de nuages. Cette grandeur sur l'infini de l'espace lui fait tourner la tête.

L’intérieur du manoir est sombre.
Où l’emmène-t-on ?
La pierre est froide, l’air humide.
Le grand Gilles pousse une porte qui grince un peu.

Mathurine

Une femme se lève. Elle les attendait. C'est Mathurine, la cuisinière du manoir. Elle a l'œil petit, le nez fin, le front sec. Une de ses mains disparaît sous un épais bandage gris. L'autre est rouge et large comme un battoir.

– Ah, vous voilà enfin ! Il n'est point trop tôt !

Puis, découvrant que c'est Caterina et non Magdalena qui s'avance à pas hésitants vers elle, elle fronce le nez d'un air courroucé.

– Et Magdalena alors, où est-elle ?

– Terminé ! marmonne le grand Gilles en faisant un geste bref de la main.

– Tu veux dire qu'elle… ! demande la cuisinière, sans terminer sa phrase.

– Oui, tantôt, et l'enfant avec elle. Je ne savais point qu'elle en attendait un.

– Pauvre petite, elle n'était pas si grosse.

– J'avais rien remarqué, dit Gilles.

– Les garçons ne voient jamais ces choses-là.

On se demande pourquoi le bon Dieu leur a donné des yeux ! Ah, ça, elle était bien jolie, Magdalena ! Trop jolie.

Elle toise Caterina, qui la regarde sans bouger, comme pétrifiée.

Elle la connaît depuis l'enfance, la petite, depuis qu'elle est arrivée à Amboise avec ses parents et ses sœurs. Elle était déjà douce et docile, comme sa mère.

– Elle fera bien l'affaire. Au moins, elle ne minaudera pas comme sa sœur. Allez, viens ici, toi ! lui dit-elle en désignant la solide table en chêne sur laquelle s'amoncellent des légumes – oignons, cardons, carottes et céleris – prêts à être épluchés.

– Et toi, le Gilles, pendant que je te tiens, allume donc le feu ! Et puis tu me diras des nouvelles de ce lard !

Mathurine râpe comme un drap neuf, mais dans le fond elle est généreuse.

Elle déplie un épais torchon de serge grise et en extrait un gros morceau de viande rouge et luisante.

– Mmh ! fait Gilles.

– Faudra que tu t'en coupes un bout, dit Mathurine. Moi, je ne suis plus bonne à rien, avec cette diablerie de main.

Gilles a déjà saisi son coutelas. Mathurine bondit.

– Eh, l'animal ! Le feu d'abord !

La cuisine du manoir est une vaste pièce aux murs de brique dans laquelle trône une imposante cheminée. Il y a ici tout ce qu'il faut pour nourrir une maisonnée : un solide billot pour découper la viande, un garde-manger, une glacière, un lave-mains en cuir et deux vaisseliers de bonne taille qui contiennent une profusion de plats, pots et ustensiles pour la table.

Le regard de Caterina va des uns aux autres.

Dans la maison de son père, on se contente d'un chaudron, d'un pot, d'un plat et d'un grand coutelas à la lame affûtée.

Elle s'assied et commence à peler une carotte. Le mouvement simple, répétitif et connu, apaise peu à peu les battements de son cœur. Après tout, Mathurine n'a pas l'air d'une méchante femme. Et le serait-elle, Caterina sait bien qu'elle n'a pas le choix : qu'elle le veuille ou non, il va bien falloir qu'elle s'accommode de cette nouvelle patronne. Ce soir, elle dormira au pied de son lit, sur ce qui était la couche de Magdalena.

Une apparition

– Viens ! bougonne Mathurine. Je vais te faire visiter le manoir. Faut profiter de ce que maître Léonard n'est pas là. Il est au château pour les préparatifs du baptême.

Caterina lui lance un regard perdu. Mathurine soupire. Cette fille ne comprend donc rien. Qu'avait-elle besoin d'une demeurée, même travailleuse ! Elle répète, à contrecœur :

– Viens !

Caterina la suit.

Que d'escaliers, de couloirs, de recoins obscurs ! Voilà qui change la jeune fille de l'unique pièce enfumée où elle a grandi. Comme tout est beau et grand ici ! Il y a des plafonds qui ressemblent à des ciels, des tapisseries sur les murs et de lourds rideaux aux fenêtres. La chambre de maître Léonard, avec ses deux fenêtres, est calme, et la plus lumineuse de toutes les pièces. Elle est simplement meublée d'un lit garni de rideaux et de pentes[1] grenat, d'un coffre et d'une table.

À leur arrivée, le petit singe bondit sur ses pattes et, empoignant les barreaux des deux mains, secoue frénétiquement sa cage.

– Chut, le macaque ! Tu te tiens tranquille ou je te fais rôtir à la broche ! gronde Mathurine.

Caterina, qui n'a jamais vu de singe, est stupéfaite de découvrir cet animal étrange qui se comporte comme un humain. Celui-ci semble à peu près aussi étonné en la voyant. Soudain calmé, il la dévisage de ses petits yeux noirs et se gratte le sommet du crâne d'un air perplexe.

Le bois sombre des meubles luit mystérieusement et d'infimes particules d'or scintillent dans un rai de lumière. Tout ici respire l'ordre et l'étude.

Caterina détaille chaque parcelle de ce paradis : les colonnes torsadées du lit, le rougeoiement des lourds rideaux damassés, l'épais carnet noir posé sur la table, les motifs en volutes du tapis qui recouvre le sol… Et sur le mur qui lui fait face cette dame d'une grande beauté qui la regarde en souriant.

1. Bandes d'étoffe fixées au-dessus des rideaux d'un lit.

Elle a peine à le croire : cette inconnue ressemble trait pour trait à sa mère. Même front, large et haut, même bouche bien dessinée, même douceur dans le regard.

Par quel prodige sa mère adorée se retrouve-t-elle ici ?

Elle s'approche pour observer l'apparition de plus près, mais déjà Mathurine, d'un geste brusque, lui signifie qu'il est temps d'y aller. Elle est pressée d'en finir avec cette visite. Caterina obéit et la suit docilement. De la tour, de l'oratoire de la duchesse Anne où l'emmène ensuite Mathurine, elle ne verra rien. Elle ne pense plus qu'à la dame et à son sourire.

Cette nuit-là, Caterina fait un rêve étrange.

Elle est au bord de la Loire ; la lumière est blanche, aussi blanche que le drap qu'elle plonge dans l'eau noire. Un hurlement retentit, qui lui fait chavirer le cœur. La pièce d'étoffe lui échappe et s'éloigne en tournoyant. Caterina court sur la berge crayeuse pour tenter de la rattraper, mais le drap file et glisse dans le courant comme un grand poisson livide. Puis il se déplie et plane à la surface du fleuve. Il devient oiseau, mouette aux larges ailes immaculées et, se métamorphosant encore, se transforme en barque.

Une longue barque aux contours fantomatiques à bord de laquelle une femme a pris place. Une femme qui lui sourit. Elle la voit distinctement malgré la distance et la reconnaît : c'est sa mère qui déjà s'éloigne dans la vapeur du fleuve…

Caterina se réveille en sursaut.

Où est-elle ? Où sont ses petits frères, son père ! Que fait-elle dans le noir de cette pièce inconnue, froide et humide ? Magdalena, le pas du grand Gilles, la main bandée de Mathurine, le sourire de la dame dans la chambre de maître Léonard, tout lui revient en mémoire.

Elle entend Mathurine se tourner et soupirer dans son lit. L'aube point à la fenêtre. Il sera bientôt temps de se lever.

Battista

Sur la table de la cuisine, trois écuelles, trois verres, une miche de pain… on a soupé ici durant la nuit.

Caterina lave, range, fait place nette et allume le feu. Elle n'a pas besoin qu'on la dirige. Elle sait, d'instinct, ce qu'il faut faire.

Un garçon entre.

– Ah te voilà, Battista ! s'exclame Mathurine, comment va messire Léonard ce matin ?

Tout est rond et rieur dans le visage du jeune homme : les yeux, le nez, la bouche, qu'il a rouge cerise.

– Bien, ma foi ! Et toi, Mathurine ? Cette main ?

Il a un bon sourire et parle français avec un fort accent italien.

– On fait aller, soupire la cuisinière.

Du menton, Battista désigne Caterina.

– Elle est nouvelle ?

– C'est Caterina, la sœur de Magdalena. Elle est…

Elle fait un geste de la main qui laisse entendre qu'elle n'est pas tout à fait comme les autres.

– Et Magdalena ? s'enquiert Battista.

Mathurine se signe. Il n'en faut pas davantage pour que Battista comprenne. Il ne dit rien de plus. Il trempe un doigt dans le bouillon et le retire précipitamment. Le liquide est bouillant !

Caterina va chercher une louche et remplit un grand pot de grès qu'elle pose sur un plateau, avec les écuelles et le pain tranché. Mathurine approuve du regard.

– Elle est plus dégourdie que sa sœur, souffle-t-elle à Battista.

– Peut-être, mais pour la compagnie…

– Qu'est-ce que tu vas chercher ? Elle n'est pas là pour la compagnie, l'interrompt Mathurine à mi-voix, mais pour travailler.

– Mmh ! Y a pas de mal à joindre l'utile à l'agréable…

Mathurine hausse les épaules.

– Les hommes ! Tous les mêmes... Dis-moi plutôt comment c'était hier, au château.

– *Magnifico !* Sublime !

– Raconte.

– Partout, de l'or, de l'argent ! Même dans la cour,

qui a été couverte pour l'occasion. Ils vont dîner dehors. On a sorti la vaisselle d'or, les verres en cristal. Je suis allé dans les cuisines. Ça sentait si bon que j'en avais, j'en avais... comment dit-on déjà ? demande-t-il en faisant claquer sa langue.

– L'eau à la bouche !

– Oui, c'est ça : l'eau à la bouche ! Quels fumets ! Et puis le divertissement se prépare. Les musiciens et les danseurs étaient en train de répéter. J'ai jeté un œil, ça va être très beau. Pas étonnant, puisque c'est mon maître qui a tout organisé.

– On peut lui faire confiance.

– Ah, ça oui ! Le roi est enchanté. Il le lui a répété au moins trois fois. Et encore, il n'a rien vu ! Il y aura six tableaux et en tout soixante-douze danseuses, toutes masquées et déguisées. J'ai assisté à la répétition des Italiennes. Des filles d'une beauté ! Il y en avait une en particulier que j'aurais bien...

– Allez, vas-y maintenant, le houspille soudain Mathurine, la collation refroidit !

– Eh ! Qu'est-ce qui t'arrive ? Tu me demandes de raconter, et à peine ai-je commencé que tu me mets dehors !

– Tu me raconteras plus tard. Maître Léonard t'attend.

La dame-mère

Le ciel lavé par la pluie est couleur myosotis et un grand soleil fait paraître plus vert encore le vert tendre des feuilles. Les giroflées et les freesias embaument.

Caterina enjambe la petite palissade en pieux de châtaigniers qui enclot le potager. Ici pousseront bientôt, dans des carrés sagement cernés de buis, le poireau bleu, l'asperge vert jade, le radis rose, la betterave en robe rouge et les pois vert cru. Les jeunes pousses crèvent déjà les tumulus de terre sombre. Elle cueille un bouquet de persil, extrait une betterave bien ronde. Les pigeons roucoulent dans le pigeonnier voisin. En chemin, elle ramasse trois feuilles de laurier.

Elle aime ce jardin où le sauvage côtoie le très ordonné, ce jardin plein de promesses où l'été déjà s'annonce à mille détails. Il lui est plus familier que le manoir obscur, où tout lui paraît si grand, si étrangement nouveau.

De loin, elle aperçoit, dans la cour, un cavalier qui saute vivement de cheval et se dirige vers la porte en faisant claquer ses bottes.

Plus tard, alors qu'elle frotte le sol de pierre à grande eau, elle le voit encore, de la fenêtre du premier étage, repartir, cette fois en compagnie d'un homme auréolé de cheveux blanc et vêtu d'une courte cape noire. Bien qu'elle ne l'ait encore jamais rencontré, elle sait que c'est Léonard de Vinci.

Elle continue à frotter. Un chat noir l'observe, la queue dressée en point d'interrogation. Un autre fait sa toilette dans son coin, indifférent à sa présence.

Elle repense à la dame entrevue dans la chambre de maître Léonard. Pour tout dire, elle ne pense qu'à elle.

Son image l'obsède. Comment s'expliquer qu'elle ressemble tant à sa mère ? Elle aimerait en avoir le cœur net. Elle doit la revoir.

Alors, laissant là son ouvrage, elle se glisse dans la chambre du maître. Et tant pis si Mathurine lui a interdit d'y pénétrer en dehors du ménage hebdomadaire ! Personne ne la verra. Elle se fera discrète.

La dame est toujours là, assise au même endroit, devant un panorama grandiose de montagnes noyées dans le bleu des lointains, où l'eau serpente en silence jusqu'à un lac lisse comme un miroir. Elle sourit à Caterina de ce sourire inimitable à la fois familier et mystérieux et, les mains posées l'une sur l'autre, semble attendre qu'elle lui adresse la parole.

– Ma… ma, articule Caterina avec difficulté.

Il y a si longtemps qu'elle n'a pas parlé !

Les mots peinent à se former dans sa gorge, sous sa langue. Ils viennent de si loin ! Et lorsque enfin, ils franchissent la barrière de ses dents, de ses lèvres, ils roulent, s'échappent, bourdonnent, râlent, se muent en une longue plainte. Les sons hachés, ahanés se déversent en torrent maladroit, heurtés, à peine compréhensibles.

À sa mère miraculeusement réapparue, sa mère à jamais jeune et aimante, Caterina raconte la mort de Magdalena, les cris, l'enfant mort-né, la douleur d'Antonio. Elle lui raconte l'arrivée du grand Gilles et le coutelas qui pendait à sa ceinture.

– À… la mai… son, per… sonne ne t'a ou… bliée.

L'a-t-elle juste pensé ? L'a-t-elle vraiment formulé dans ce flot de sons rauques ?

Elle lui dit aussi qu'elle a tenté de la remplacer auprès de Pepe, mais qu'il est si petit encore, et si fragile, qu'elle tremble pour sa vie.

Francesca saura-t-elle veiller sur lui comme elle, Caterina, l'a fait jusqu'alors ? Sa tante a déjà tant d'enfants…

La dame-mère l'écoute en silence, sans se départir de son mystérieux sourire.

Elle n'est qu'écoute et attention.

Caterina a-t-elle rêvé ? La dame lui a semblé hocher imperceptiblement la tête, comme pour l'encourager à continuer à former ces mots qui la fuient, à extraire ces sons de sa gorge pour qu'ils deviennent paroles et prennent sens ; comme sa mère le faisait de son vivant, avec tant d'amour et de patience.

Caterina s'approche plus près encore et tend la main pour toucher le visage aimé. Ses doigts effleurent les lèvres silencieuses. Elles sont lisses et froides. La jeune fille retire vivement la main. La dame n'est pas de chair, Caterina le sait bien, elle n'est qu'une image, un mirage. Mais en croyant la voir s'animer un bref instant elle a follement imaginé qu'elle pouvait être vivante.

Elle fait un pas en arrière. Son pied bute sur une chose molle, qui pousse un couinement aigu et lui griffe la jambe avant de s'enfuir à l'autre bout de la pièce. Caterina étouffe un cri. La chose sautille sur place en montrant les dents. Ses petits yeux noirs sont deux plombs qui la transpercent. Comment le petit singe a-t-il réussi à sortir de sa cage ?

Toute tremblante, Caterina s'enfuit sans demander son reste.

Le baptême du dauphin

Mathurine ne remarque pas la pâleur et le trouble de Caterina lorsqu'elle pénètre dans la cuisine. Elle est bien trop occupée à écouter deux servantes de la maison du roi lui raconter par le menu le baptême du dauphin. La cérémonie s'est déroulée la veille au soir, en grande pompe, en grande joie.

– On aurait dit un ange dans sa longue robe de dentelle fine.

– C'est qu'il a deux mois maintenant ! Il est grand et vigoureux pour son âge.

– Son berceau est décoré d'un beau dauphin doré qui jaillit de la mer.

– Monsieur Marot, le poète du roi, lui a dédié un poème qui, de mémoire, se termine ainsi : « Bien soit venu en la mer souveraine, Le beau dauphin tant désiré en France. »

Les filles sont intarissables.

– C'est sa marraine, la sœur du roi, qui a déposé

le dauphin dans les bras de Laurent de Médicis, son parrain.

Elles éclatent de rire.

– Il débarquait de Florence. Il avait le teint grisâtre et l'œil éteint, comme s'il avait le mal de mer.

– On dit qu'il est malade. C'est peut-être vrai, mais on voyait surtout qu'il n'avait pas l'habitude de porter un enfant. Le dauphin gigotait tant que j'ai bien cru qu'il allait le faire tomber !

Elles ne se lassent pas de décrire le long cortège qui s'est lentement déployé à la lumière des torches de cire blanche, au son des trompes et des hautbois.

Pour l'occasion, l'église Saint-Florentin avait été magnifiquement parée. Un dais d'étoffes précieuses, enchâssé de pierreries, se dressait au milieu de l'église sur quatre piliers dorés.

C'est Madame de Brissac, sa gouvernante, qui avait déshabillé l'enfant.

– Il a hurlé quand son parrain et sa marraine l'ont tenu sur les fonts baptismaux.

– La mère du roi affirme que c'est le portrait de son père tout craché !

– On voit bien qu'elle en est fière.

La cérémonie avait duré trois heures et la fête s'était prolongée fort tard, à la lueur des flambeaux, par un festin et des danses dans la cour du château. Quelle soirée inoubliable !

– C'est maître Léonard qui a organisé la réception dans les moindres détails, se rengorge Mathurine.

– Ce n'est un mystère pour personne. Au château, on ne parle que de lui !

– On le loue de toute part !

– C'est un magicien. Les fêtes qu'il organise sont toujours sublimes. Il paraît qu'à Florence, Rome et Milan on ne jure que par lui. Il a longtemps travaillé pour le compte du duc Sforza, à Milan.

– Quel homme admirable ! Aussi doué pour la musique et la danse que pour la peinture et les sciences.

– Il ne quitte pas le roi, poursuit Mathurine. Surtout depuis que le Médicis est arrivé à Amboise. Mon maître le connaît bien, il le voyait fréquemment lorsqu'il vivait à Florence.

Laurent de Médicis, le parrain choisi par François Ier, n'est pas n'importe qui : il est le propre neveu du pape Léon X et le petit-fils du grand Laurent de Médicis, le célèbre mécène surnommé « le Magnifique », dont il tient son prénom. Après le baptême, il épousera la cousine du roi, la princesse Madeleine de la Tour d'Auvergne.

– Je croyais que messire Léonard était souffrant.

– Mais non, il va très bien. Les gens racontent des sornettes. Je peux vous certifier que mon maître est frais et dispos.

– On dit que le Médicis a apporté de somptueux cadeaux…

– Un très beau tableau…

Le bourdonnement de leurs voix berce Caterina et l'apaise peu à peu. Quelle sotte elle est ! Le petit animal a dû avoir encore bien plus peur qu'elle. Et s'il a montré les dents, c'est qu'elle lui a fait mal. Pourvu qu'il ne se soit pas sauvé de la chambre. Elle ne se le pardonnerait pas.

Et déjà l'envie lui prend de retourner chez messire Léonard.

Caterina s'enhardit

En ce printemps 1518, il règne une douceur exquise dans les jardins du val de Loire. L'air est limpide, les rossignols, les merles et les rouges-gorges rivalisent de trilles et les clochettes blanches du muguet annoncent joyeusement les lilas et les roses à venir.

Caterina ne marche pas, elle vole, sur le chemin qui la conduit à la ferme de chaume et de torchis de son père.

Elle a pris l'habitude, dès qu'elle le peut et une fois son travail accompli, de s'échapper du manoir pour aller serrer son Pepe dans ses bras.

C'est désormais Anna, sa cousine, qui l'a remplacée auprès du père et des petits frères.

Et Pepe, son Pepe, ne se porte pas si mal, bien qu'il soit toujours morveux et galeux. Il faudrait voir comme il lui fait fête à chaque visite, enfouissant son petit visage de musaraigne au creux de sa poitrine. « Pepe ! » murmure-t-elle. Et l'enfant rit en entendant sa drôle de voix, qu'il est le seul à sentir grésiller contre sa joue.

Le père, lui, ne dit rien. C'est à peine s'il la regarde. Depuis la mort de Magdalena, il n'est plus le même. Il y a quelque chose de cassé en lui. Il continue son ouvrage sans lui prêter attention. Le bruit de la scie et du rabot couvre les paroles hachées de Caterina, et c'est comme elle est venue qu'elle repart peu après.

Caterina s'est enhardie. Bien qu'elle n'ait toujours pas rencontré maître Léonard – tout juste l'a-t-elle aperçu de loin –, et bravant allègrement l'interdit de Mathurine, elle se glisse désormais pratiquement chaque jour en catimini dans sa chambre. En réalité dès qu'il s'absente. Et il s'absente fréquemment en ce moment, plus souvent présent au côté du roi, à Amboise, que dans son manoir de Cloux !

Caterina n'oublie jamais d'apporter une douceur pour le singe, un fruit, un morceau de massepain, un croquant aux amandes. L'animal est gourmand et les attentions renouvelées de la jeune fille lui ont vite fait oublier le malheureux faux pas du premier jour. Il s'ennuie tout seul dans sa cage et manifeste sa joie de la voir en couinant avec ferveur.

La première fois qu'il lui a sauté sur l'épaule,

Caterina a failli s'évanouir de terreur. Elle pensait pourtant qu'il était enfermé. Elle a vite compris que le petit animal était plus malin qu'elle ne l'imaginait et savait parfaitement ouvrir sa cage de l'intérieur. Elle l'a observé, l'a vu glisser son bras hors des barreaux et soulever délicatement le loquet.

Lors des visites suivantes, elle a appris à se raisonner et à maîtriser sa peur.

Désormais, le pli est pris : le singe blottit sa petite tête contre le cou de Caterina, sans bouger, et il l'écoute parler, rapporter les infimes nouvelles du jour à la dame-mère en courtes phrases hachées comme rapiécées : « Pru... nier fleur... Carlo perdu... dent... Chiots nés... nuit... Pepe... grandi... Cueilli... muguet... »

De la masse indifférenciée des sons surnagent des syllabes, un mot entier, parfois deux à la suite, rarement plus.

Et la dame-mère, attentive, l'encourage, dans son infinie tendresse, à continuer, à reprendre, reprendre encore pour ne plus buter sur les pierres de la langue, pour que se fluidifie ce filet de voix enfin libéré, ce torrent de paroles si longtemps retenu.

Dans la chambre de Léonard, en l'absence du maître, Caterina réapprend à parler.

Avec les jours qui rallongent, les projets de Léonard ont repris de plus belle. Tous les matins désormais, il part en expédition avec Melzi et Battista pour étudier l'état des sols et le débit de la Loire. Il a dans l'idée d'assainir ce pays trop humide en y creusant des canaux et en installant sur le fleuve un ingénieux système d'écluses – une autre de ses inventions – pour réguler le cours de l'eau. Il n'en finit pas d'arpenter les routes de Touraine et les marais de Sologne, sur les chevaux que le roi a bien voulu mettre à sa disposition, et parfois en sa compagnie. Il ne revient que le soir.

Dans la journée, Caterina a le champ libre et tout lui est prétexte pour retrouver sa dame : la fenêtre à ouvrir, ou à fermer selon l'heure, le coffre à astiquer, la courtepointe à aérer, un bouquet de fleurs fraîches à déposer sur la table du maître… Elle a maintenant tout à fait oublié l'interdiction de Mathurine.

Et jour après jour l'étrange conversation se poursuit, monocorde monologue entre une fille et sa mère qui répond en silence.

Un jour que, comme à l'accoutumée, Caterina pénètre dans la chambre du maître, le singe, par jeu ou par jalousie, saute sur le tableau et, le saisissant à pleines mains, le secoue si fort que celui-ci manque se décrocher et tomber par terre.

Caterina affolée lui crie d'arrêter, ne pouvant dans l'urgence qu'articuler de pauvres sons gutturaux :

– Aaaaa... êêêê...

Les yeux du petit singe pétillent. Il s'amuse beaucoup. Il secoue la dame avec frénésie. Et les cris de Caterina n'ont d'autre effet que de l'exciter davantage. Il tire la langue, grimace et commence même à griffer la peinture en braillant comme un bébé. Caterina n'ose pas s'approcher, de peur qu'il ne lui saute au visage. Elle ne le reconnaît pas : on dirait un démon. Ravi de capter enfin toute son attention, l'animal se balance et fait toutes sortes de pitreries. Il se surpasse. Puis, soudain las de se donner en spectacle, il regagne son perchoir sur l'épaule de Caterina. Et elle, toute tremblante, sent ce petit cœur de macaque cogner à toute allure contre son cou. Il se calme finalement et, presque tendrement, il pose sa joue contre la sienne. Drôle d'animal !

Prise sur le fait

– Qui es-tu ?

La voix est ferme. La main qui s'est posée sur son épaule plus ferme encore.

Caterina a le souffle coupé. Soudain, tout vacille autour d'elle, tout se trouble, jusqu'au sourire de la dame, qui grince, pâlit et se mue en grimace.

Elle se tenait comme d'habitude devant le portrait, dos à la porte, tandis que le petit singe mâchouillait un biscuit tout contre sa joue en se laissant bercer par sa voix sourde. Elle n'a rien senti venir.

Elle se retourne lentement.

L'homme qui lui fait face a les yeux clairs, le visage strié de fines ridules, une abondante barbe blanche. Le grand Léonard de Vinci !

À son côté, le svelte et élégant Melzy la dévisage d'un air dédaigneux, tandis que Battista, goguenard, s'exclame :

– C'est la fille qui travaille à la cuisine. Quel toupet ! Elle a fait sortir le singe de sa cage.

L'animal, apeuré par cette intrusion intempestive, va prestement se réfugier sous le lit.

Caterina ne répond pas. Elle fixe le maître avec des yeux affolés. Elle imagine le pire. Mais Léonard sourit. Oui, il sourit franchement, et n'a pas l'air fâché. Pas le moins du monde. Il semble plutôt intrigué, et curieusement charmé, comme si la présence de Caterina dans sa chambre lui était une heureuse surprise.

– N'aie pas peur, petite. Dis-moi seulement qui tu es, répète doucement Léonard.

– Elle ne vous répondra pas, intervient Battista. Elle ne parle pas. Pas même sûr qu'elle comprenne. Elle a remplacé Magdalena à la cuisine. C'est sa sœur. Elle lui ressemble d'ailleurs, vous ne trouvez pas ?

– Comment t'appelles-tu ? reprend le maître sans se soucier du bavardage de son serviteur.

Battista hausse les épaules.

– Moi, je peux vous dire son nom, Maître. Je la connais bien, cette fille. Elle s'appelle Caterina.

Léonard continue d'ignorer son serviteur.

– Ton nom, petite, quel est ton nom ? insiste-t-il.

– Cate… rina.

– Ah ben ça alors ! Tu parles maintenant ? s'écrie Battista ahuri.

– Caterina ! Voilà un bien joli prénom ! dit Léonard.

La jeune fille baisse la tête en rougissant. Elle ne devrait pas être ici. Elle n'aurait jamais dû entrer dans la chambre du maître en son absence. Que va-t-il se passer ? Va-t-il la renvoyer ? Il serait en droit de le faire.

– Et d'où viens-tu, Caterina ?

Battista prend de nouveau les devants :

– Sa sœur m'a dit que sa famille venait d'Anchiano, Maître. N'est-ce pas tout près de chez vous, Anchiano ? Son père y était menuisier, et puis il est venu s'installer dans la région avec sa famille…

– Ce n'est pas à toi que je parle, Battista, mais à Caterina, grommelle Léonard. Tu viens d'Anchiano ? C'est bien ça, jeune fille ! répète-t-il et en détachant chaque syllabe.

– An… chia… no, articule Caterina de sa voix rauque.

– Caterina d'Anchiano ! murmure le vieil homme, un instant rêveur.

Puis, se tournant vers Melzi qui ne dit mot :

– Vois-tu, Francesco, cette jeune personne est sourde ! Mais d'une surdité qui pourrait être aisément corrigée pour peu que l'on s'y emploie. Car la nature n'a l'a pas totalement privée d'audition.

Sans doute lui a-t-on parlé dans sa jeunesse… Te souviens-tu de la Merveille ?

– Oui, Maître.

– Et sais-tu où elle se trouve ?

– Elle doit être dans le coffre, Maître. Je crois bien l'y avoir vue.

– Apporte-la-moi, je te prie.

La Merveille de messire Léonard

Caterina, mal à l'aise, se balance d'un pied sur l'autre. Elle aimerait prendre congé de ce vieil homme qui la regarde avec trop d'insistance. Mais elle ne sait comment faire. Elle jette un coup d'œil à la dame-mère.

– Elle est belle, n'est-ce pas, ma *Joconde ?* dit Léonard, à qui rien n'échappe.

À côté, Melzi farfouille dans le coffre et soupire.

« Est-ce un fouet qu'il cherche, pour me corriger ? » se demande Caterina.

– Je l'ai ! dit Melzi.

La Merveille est une corne. Une belle corne de vache, ou plutôt de taureau, évidée, fixée à un embout en argent finement ciselé. Sa surface est entièrement gravée et décorée de chevaux caracolant au vent.

– J'ai été avisé de l'emporter, se félicite Léonard, je me souviens d'avoir hésité.

Il introduit avec précaution le conduit dans son oreille.

– Parle, Battista !

– Euh… C'est-à-dire que je n'ai rien à dire !

Léonard a un mouvement de recul.

– Ouh, pas si fort ! Je t'ai demandé de parler, pas de beugler comme un animal. Tu m'as vrillé le tympan ! Enfin, la bonne nouvelle, c'est que ma Merveille n'a rien perdu de son pouvoir et fonctionne… à merveille.

Et, tendant la corne à Caterina :

– À toi maintenant.

La jeune fille hésite, puis place à son tour l'embout dans son oreille.

– M'entends-tu, Caterina d'Anchiano ! l'interroge Léonard.

Caterina tressaille. La voix du maître a bondi dans son oreille.

– C'est mieux, beaucoup mieux. Voilà qui va te permettre de capter une bonne partie des bruits du monde. Pas tous, malheureusement – pour cela, l'oreille humaine est irremplaçable. Mais suffisamment pour t'intégrer au mouvement général. Reste maintenant à améliorer ton élocution. Il faut que tu viennes me voir trois fois par semaine, et nous causerons. Car chacun sait que la parole vient en parlant. Es-tu d'accord, Caterina d'Anchiano ?

Caterina acquiesce d'un timide mouvement de la tête. Elle a hâte de s'en aller. D'un geste maladroit, elle rend la corne à Léonard.

– Garde-la, jeune fille, lui dit-il, elle te sera plus utile qu'à moi. Allez, va !

Caterina ne se le fait pas dire deux fois.

Caterina court jusqu'au jardin. De l'air ! Elle a besoin d'air et d'espace. Elle a eu si peur ! Elle a bien cru qu'elle allait se trouver mal, enfermée dans cette chambre, sous le feu des questions, six yeux inquisiteurs braqués sur elle. Son cœur cogne à tout rompre. Le maître aurait pu la renvoyer. Elle l'a senti au regard froid de Francesco Melzi, au sourire narquois de Battista !

– Mer… ci, mer… ci, ne cesse-t-elle de répéter.

Car, elle n'en doute pas, c'est à sa dame protectrice qu'elle doit la clémence du grand Léonard de Vinci. C'est elle qui a intercédé en sa faveur.

Caterina se couche dans l'herbe et contemple le ciel qui s'effiloche en longs nuages cotonneux, jusqu'à ce que les battements de son cœur reprennent un rythme régulier. Alors elle se redresse, et, ajustant la corne dans le conduit de son oreille, pour la première fois de sa vie, elle écoute. Un cheval hennit au loin, un petit vent chantonne dans les branches des saules, l'herbe bruisse, une alouette chante. Jamais elle n'aurait imaginé que le monde faisait tant de bruit. Jamais elle ne lui avait prêté une telle attention.

Caterina et Caterina

La Joconde n'y est pour rien !

L'intérêt que Léonard a spontanément témoigné à Caterina ne tient nullement à une intervention surnaturelle de sa part. Caterina ne peut bien entendu pas se douter que la propre mère de Léonard se prénommait Caterina et qu'elle aussi venait du petit village d'Anchiano, où le maître lui-même avait vu le jour, soixante-six ans auparavant.

Léonard évoque rarement ses parents. Il a si peu vécu avec eux...

Très tôt, on l'a confié à ses grands-parents paternels. Ce sont eux qui l'ont élevé. Un fils de notaire, fût-il illégitime, ne grandit pas dans une ferme !

Car il est né hors mariage, Léonard, enfant naturel d'un notable et d'une fille de la campagne.

Elle avait vingt-deux ans, Caterina, lorsque ser Piero, le notaire de Vinci, l'a séduite. Mais il avait d'autres ambitions que de convoler avec une petite paysanne. Il voulait s'établir en ville, et venait précisément de demander en mariage une riche jeune fille de Florence. Un beau mariage avec forte dot à la clé. Rien à voir avec une amourette !

Après la naissance de Léonard, la famille du notaire avait fait en sorte d'« arranger » les choses et on avait marié Caterina à un homme qui vivait non loin de là, un brave type qui l'avait emmenée vivre avec lui dans sa maison de Campo Zeppi. Il lui avait fait sans tarder cinq autres enfants, quatre filles et un garçon, qui ne furent jamais pour Léonard que de lointains demi-frères et sœurs.

La vraie famille de Léonard de Vinci c'était son grand-père, Antonio, et sa chère *nonna*, Lucia. Léonard fut longtemps leur unique petit-enfant et tous deux le considéraient comme un fils.

La vision de la jeune Caterina dans sa chambre a bouleversé Léonard.

Car, outre le prénom et le lieu de naissance, la jeune fille ressemble à sa mère de façon troublante. Ou du moins au souvenir qu'il en a gardé.

À vrai dire, ce n'est pas la première fois qu'il ressent une telle émotion. Il y a douze ans déjà, il avait été pareillement ébranlé lorsque Francesco del Giocondo avait franchi la porte de son atelier en compagnie de sa jeune femme, Lisa.

Le riche marchand de soie voulait un portrait de son épouse signé du plus célèbre peintre de son temps. Grand et charpenté, il parlait haut et gesticulait fort. Il était plus âgé que sa femme, plus à l'aise aussi. Il avait de l'argent et ne le cachait pas. Avec Léonard, il avait été à la fois obséquieux et désinvolte, lui donnant du « Mon très cher maître », et le qualifiant de « plus grand artiste de tous les temps », tout en furetant dans son atelier comme s'il était en terrain conquis.

La jeune Lisa, au contraire, gardait modestement les yeux baissés et ne disait mot. Léonard ne pouvait détacher le regard de son visage. Comme elle ressemblait à sa mère ! Même nez aux narines palpitantes, même bouche au modelé ravissant, mêmes cheveux fins.

Mais autant sa mère était une beauté bien vivante qui riait, parlait fort, s'activait aux champs, houspillait les uns et les autres, autant la jeune Lisa avait un charme éthéré, lointain et mystérieux, comme si elle n'avait pas été tout à fait de ce monde.

Francesco del Giocondo avait jeté une bourse sur la table et l'affaire avait été conclue. Le lendemain, Lisa commençait à poser.

Lisa

Lisa était docile.

Elle s'était pliée aux volontés du maître, prenant place dans le fauteuil de velours sombre qu'il lui avait désigné et s'y accoudant, les mains nonchalamment posées l'une sur l'autre. Mais son visage restait grave et triste.

Une indiscrétion d'une de ses servantes devait bientôt apprendre à Léonard la raison de cette mélancolie : la belle était inconsolable depuis qu'elle avait perdu son fils, un petit garçon de trois mois.

Alors Léonard avait fait venir des joueurs de viole et de luth, tout un orchestre, et des baladins, des jongleurs, des bouffons et des clowns pour qu'elle se déride enfin.

À quels subterfuges n'avait-il pas dû avoir recours pour obtenir cette esquisse de sourire qu'il s'employait à fixer sur la toile au fil d'innombrables séances de pose ! Car il travaillait lentement, presque religieusement, appliquant avec soin des couches de glacis léger qui, en se superposant, donnaient aux joues de la jeune femme, à sa peau l'admirable rosé de la vie.

Il ne peignait pas Lisa, la femme du riche marchand de soie, il peignait une madone, un idéal de femme, une beauté incomparable, intemporelle, capable de traverser les siècles sans se faner.

Les mois passaient et Lisa posait toujours.

Au bout d'un an, elle avait commencé à s'impatienter :

– Aurez-vous bientôt fini, maître Léonard ?

L'immobilité lui pesait. De séance en séance, elle prenait en horreur cette attitude figée que le maître lui imposait.

Léonard, embarrassé, lui rétorquait que le tableau n'était pas terminé.

– Mais alors dites-moi quand il le sera !

Il balbutiait « bientôt » et lui expliquait que toute œuvre nécessitait temps et réflexion, que la précipitation était mauvaise conseillère.

Lisa ne tenait plus en place. Le printemps arrivant, elle rêvait de campagne et de grand air. Elle avait commencé à s'absenter, prétextant une course, un accès de fatigue, l'essayage d'une robe. Elle prétendait que l'odeur de peinture lui donnait mal à la tête.

Mais quand Léonard ouvrait la fenêtre, elle se plaignait des courants d'air.

Rien n'y faisait : poser l'incommodait.

Puis elle avait attendu un nouvel enfant. Ou du moins l'avait-elle prétendu. Et un jour, elle n'était plus venue.

Léonard avait continué à peindre, sans elle, le paysage qui s'étendait en arrière-plan.

Il avait continué à superposer d'infimes couches de peinture pour rendre la transparence des lointains et, peu à peu, une fine brume bleue avait enveloppé les montagnes, la campagne et le lac. Il disait qu'il « enfumait » son tableau : son fameux *sfumato* ! Il était passionné. Il inventait une nouvelle façon de peindre.

La belle Lisa n'avait pas réapparu. Et Léonard n'avait pas cherché à retrouver sa trace. Dans le fond, il n'était pas fâché qu'elle se soit volatilisée. Ce tableau, il ne voulait plus s'en séparer. Et lorsqu'il avait finalement quitté Florence, il l'avait glissé dans ses bagages.

C'est ce portrait jamais livré, ce portrait précieux entre tous, que Léonard a emporté au manoir de Cloux. C'est lui qui trône dans sa chambre, fascinante, envoûtante dame-mère.

Melzi est indigné

Dans la chambre de Léonard, Melzi, le sage Melzi, interroge le maître. Il est nerveux, tendu, presque irrité.

– Chaque jour, Maître, vous me dévoilez une nouvelle facette de votre talent. Je vous savais peintre, ingénieur, architecte, organisateur de fêtes et de spectacles, et voilà qu'aujourd'hui, en présence de cette jeune fille sourde, je vous découvre médecin.

Léonard éclate de rire.

– Non point médecin, Francesco ! Les médecins, je les fuis. Pour vivre longtemps, mieux vaut les éviter. Avec leurs drogues, ils remplissent des livres mais détruisent les vies plus sûrement qu'ils ne les prolongent. Je suis curieux, tout simplement. Il n'y a pas de vie qui ne mérite attention. Offrir ma Merveille à cette jeune fille m'était peu de chose, mais bien le moins que je pouvais faire pour elle.

Melzi se tait. Il reconnaît bien là la générosité de son maître, mais ne peut réprimer son agacement.

Cette fille a eu le culot de s'introduire dans sa chambre, de libérer son singe, peut-être même de fouiller dans ses affaires, et maître Léonard ne lui a pas fait le moindre reproche. Au contraire, il a tout fait pour la mettre à l'aise et lui a offert une de ses précieuses inventions.

Melzi a beau essayer de se raisonner, il n'y parvient pas. Il est outré et, même s'il se refuse à le reconnaître, indéniablement jaloux.

Voilà maintenant huit ans qu'il a mis ses pas dans les pas de maître Léonard, lui, le jeune homme de bonne famille qui lit le latin et le grec dans le texte…

Il n'avait pas quinze ans lorsqu'il a quitté les douces collines de son pays, ses vergers en pente, l'azur d'un ciel sans nuages, les fières bâtisses aux toits de tuiles rouges et le joli domaine de ses parents, sur les bords de l'Adda, non loin de Milan. Il a tout quitté pour le suivre, tout abandonné pour l'accompagner à Rome puis en France, l'assister dans ses travaux, lui prêter sa jeune intelligence.

Il sait que le maître compte sur lui pour trier ses écrits, ces piles de feuillets où se mêlent dessins, croquis et notes. Combien y en a-t-il au juste ? Des milliers, plus de dix mille assurément ! Il faut tout relire, tout classer. Un travail de Titan !

En se plongeant dans les carnets de Léonard, Melzi a découvert en frémissant qu'il avait disséqué plus de trente cadavres de tous âges pour tenter de comprendre la mécanique des corps, leur système de chair, de sang et d'os, depuis la formation du fœtus dans le ventre de la mère jusqu'à l'âge adulte.

La main de son maître a découpé des morts sans trembler.

Léonard s'est glissé sous la peau des hommes, jusqu'au plus secret de leur être, pour observer et dessiner ce qui s'y trouvait, et tenter de comprendre ce qui s'y tramait. Ébloui d'aborder un territoire aussi proche que mystérieux, il s'est mué en explorateur du corps humain et a dévoilé ce qui n'avait jamais été vu.

Il a percé à jour le mystère des veines et des artères, ceux des muscles, des nerfs, des ligaments, des cartilages, des os… Il a tout noté, tout minutieusement représenté au crayon ou à la plume. Et dans ses carnets, c'est presque naturellement que les organes humains côtoient les autres objets de sa curiosité : les torrents, les montagnes, le ressac des vagues, les plis des rochers, de jeunes hommes aussi beaux que des femmes, des monstres grimaçants, des villes idéales, des écluses, des ponts…

Il a dessiné jusqu'au vent, jusqu'à l'âme des gens.

– Il faudra que tu m'aides à la faire travailler, dit Léonard, tirant Melzi de ses pensées. Elle doit parler, parler et encore parler, pour progresser.

Melzi s'en étrangle presque :

– Moi ?

– Oui, toi, Francesco Melzi, mon élève.

Après le mariage

Au château d'Amboise, les fêtes du mariage de Laurent de Médicis, le parrain du dauphin, et de la princesse Madeleine de la Tour d'Auvergne ont succédé à celles du baptême. Le programme des réjouissances s'est déroulé sur dix jours. Le roi, qui ne fait pas les choses à moitié, entendait traiter son invité avec une magnificence toute royale. On a festoyé, et chassé comme jamais et, bien entendu, on s'est battu avec rage et bonheur.

De jeunes cavaliers richement vêtus de velours et de damas et fièrement empanachés se sont opposés dans de fougueuses joutes. Tous aiment passionnément le combat. Et tant pis s'il y a eu des blessés !

Puis on a joué à la guerre autour d'un fort en bois et en toile construit en plein champ, qui, avec ses fossés et ses remparts, ressemblait à un vrai.

Quatre canons de bois cerclés de fer tiraient de grosses balles pleines de vent – encore une idée de Léonard. Il n'y avait pas moins de six cents hommes massés autour du roi pour défendre la forteresse. Et en face, un nombre égal de soldats qui menaient l'assaut.

On s'élançait, on s'échauffait, on y croyait, oubliant que cette guerre-là n'était qu'un divertissement. Certains y perdirent même la vie. Quelle importance ! Le plaisir des grands valait bien quelques sacrifices.

Ce fut une belle fête, et c'est ravi et requinqué que Laurent de Médicis s'en est retourné à Florence avec sa jeune épouse.

La vie a repris son cours.

Comme le maître le lui a demandé, Caterina se rend trois fois par semaine dans sa chambre pour y prendre une leçon. Dès qu'elle paraît dans la pièce, le petit singe lui fait fête. Il applaudit, pousse des cris, lui entoure les jambes de ses bras, lui caresse les pieds, enfin lui fait mille grâces.

Battista, qui assiste à la scène ne peut s'empêcher de se moquer :

– Pas de doute, il est amoureux !

C'est que, dans le fond, il est moins indifférent à Caterina qu'il ne le prétend et ne se l'avoue à lui-même. Sa désinvolture affichée, ses plaisanteries parfois trop appuyées cachent un intérêt qui ne demande qu'à prendre un tour plus tendre. Peu à peu, il s'est laissé séduire par cette jeune fille qui ne ressemble à aucune autre.

Caterina fait des progrès stupéfiants, et Melzi lui-même s'est adouci. Non sans mal, il a vaincu ses réticences et accepté d'endosser le rôle de répétiteur. Il corrige la prononciation de Caterina avec la rigueur qui le caractérise.

– « Chat, chaud, chausse »... lui fait-il répéter.

Caterina s'exécute de bonne grâce :

– Ch... at, ch... aud, chau... de...

– Non, Caterina, « chausse » !

– Chau... sse.

– Bien ! « Singe, sauge, sage »...

Maître et élève

Léonard suit avec attention les progrès de son élève.

Il aime son sérieux, sa curiosité, son application à bien faire.

Pour elle, il ouvre ses carnets et dévoile les pages secrètes où les dessins de madones admirables côtoient les caricatures les plus grotesques. Il s'amuse à la voir écarquiller les yeux devant ses personnages au menton en galoche, à la lippe pendante, au nez comme des champignons vénéneux.

– La grande laideur, dit-il, est aussi extraordinaire que la grande beauté. Seule la médiocrité se rencontre partout.

Il lui montre une page couverte de croquis de chats rampant, miaulant, faisant leur toilette, dormant en boule, bondissant.

– Regarde, Caterina. Il y a un intrus dans cette page. Il a quatre pattes, une queue, mais ce n'est pas un chat.

La jeune fille détaille toutes les silhouettes en fronçant les sourcils, hésite, en désigne finalement une.

– Un dra… gon.

– Bravo ! Et là, que vois-tu ?

– Des fleurs.

– Lesquelles ? Les reconnais-tu ? Peux-tu les nommer ?

– Belle… de… jour, renon… cule, bou… ton-d'or.

– Tu es une fameuse botaniste, Caterina !

À son âge, Léonard était apprenti chez le Verrochio, un artiste de renom ayant pignon sur rue à Florence. Avant de franchir la porte de son atelier, il n'avait jamais été à l'école. La seule classe qu'il avait fréquentée avait été celle des champs et des collines de son village.

Chez le Verrochio, il avait appris à confectionner les brosses, à broyer les couleurs, à surveiller la cuisson des enduits, des vernis et des colles, à reporter le dessin du maître sur un panneau en bois, à poser les premières teintes. Il avait tout appris. Il était jeune, curieux et ne rechignait pas à la tâche, manifestant la même bonne volonté lorsqu'il s'agissait de préparer les fonds, de faire les courses ou de balayer le sol.

Son apprentissage chez le Verrochio avait duré douze ans.

Pendant douze ans, il s'était formé à l'art de sculpter, de souder, de travailler les métaux. Mais surtout il avait découvert le pouvoir immense, presque magique, de la peinture qui, mieux encore que la sculpture, permet de représenter ce qui est, ce qui était et ce qui sera.

– Étudie, répète-t-il à Caterina. Ce que tu acquiers alors que tu es jeune compensera, plus tard, les misères de ta vieillesse. Ce que tu engranges aujourd'hui te servira de nourriture demain. Suis mes conseils, Caterina, étudie et sois curieuse.

Son bras presque paralysé l'empêche de peindre, mais il continue à dessiner, à écrire, à inventer.

Il ne supporterait pas de ne pas être utile.

Pour Caterina, il imagine un appareil auditif plus perfectionné que la Merveille : deux cônes d'acier reliés par un fil qui permettent d'entendre des deux oreilles à la fois.

Mais il n'est pas satisfait de son invention.

Il reprend son dessin, le retravaille, tâtonne, recommence, et puis le met de côté, car déjà une autre tâche l'appelle. Il est ainsi, Léonard, son intelligence prodigieuse est un papillon céleste qui butine de fleur en fleur. Chaque jour ou presque lui apporte un nouveau sujet d'étude ou d'étonnement, et il doit se résoudre à laisser en suspens ce qui, la veille encore, l'occupait tout entier. Il lui faudrait plus d'une vie pour terminer ce qu'il ne cesse d'entreprendre.

Renaissance

Caterina se sent en sécurité dans la chambre de Léonard.

Ici, sous la protection du maître et de sa chère dame-mère qui suit avec bienveillance ses progrès, elle a le sentiment que rien ne peut lui arriver.

Mais elle n'ose plus parler à la dame comme elle le faisait à son arrivée au manoir. Ce qu'elle aurait souhaité lui confier en secret, elle est bien obligée maintenant de l'énoncer devant Léonard et Melzi, en courtes phrases hachées.

– Mon pè… re a ter… miné… son… coffre… Mon frère… Pepe… a… beaucoup grandi… Ma sœur… Maria avait une robe à passe… ments de soie lorsqu'elle est ve… nue nous rendre vi… site… Tout va bien… chez nous.

La dame saura bien que ces informations laconiques lui sont destinées.

Un jours, lors d'une visite à ses frères, Caterina

montre la Merveille à Carlo et Pepe, en leur expliquant comment s'en servir.

– Prête-la-moi, la supplie Carlo, je veux l'essayer.

– Attention… fragile.

– Parle encore, Caterina, parle ! s'enthousiasme le garçon. On dirait le tonnerre qui gronde !

Pepe bat des mains. Il est toujours petit et maigre pour son âge, plus musaraigne que jamais, mais si vif qu'il fait plaisir à voir. À lui aussi, Caterina fait essayer la Merveille, qui le fait sursauter.

– Fort !

– Oui, fort… mon Pepe… très fort !

Il se bouche les oreilles.

– C'est vrai, Caterina, que tu vois maître Léonard tous les jours ? demande Carlo.

– Oui… en… fin… presque.

– Il est comment, messire Leonard ? Père dit qu'il est bien vieux.

– Il a les… cheveux et la bar… be blancs, les yeux verts… très doux. De loin il… ressem… ble à un très vieux mon… sieur. Mais quand il parle, a… lors c'est un jeune homme.

– Est-il grand ?

– Oui, Carlo, grand, plus grand que père… plus grand que Mel… zi, plus grand que moi.

Le garçon éclate de rire.

– Toi, tu ne comptes pas. Tu es une femme.

– Tu exa… gères, Carlo !

– Moi grand, affirme Pepe avec aplomb.

Caterina l'embrasse en riant.

– Il faut encore man… ger beau… coup, beau… coup de sou… pe, mon Pepe.

On ne l'appelle plus Caterina la Simple. Il y a maintenant dans ses yeux une lueur qu'on ne lui connaissait pas. On sent bien que la vie a repris le dessus, dissipant peu à peu l'ombre qui l'avait envahie après la mort de sa mère. Caterina s'est ouverte au monde. La Merveille n'a été qu'un prétexte. Désormais, la jeune fille ne se situe plus en marge des vivants. Elle s'est affirmée, elle a pris de l'assurance. Et surtout elle a gagné en joie. Elle rayonne et fait plaisir à voir.

Quand Mathurine se fâche

Caterina ne sait qu'inventer pour le plaisir du maître.

Dans la cuisine, elle prépare avec soin les mets dont elle sait qu'ils flatteront son palais délicat. Des asperges croquantes comme il les aime, une vinaigrette aux câpres, un blanc-manger, une sauce jaunette, une poignée de fèves fraîches, une poire au caramel.

Léonard mange peu, et surtout pas de viande, mais il apprécie les denrées simples, les légumes bien cuits, les herbes aromatiques, cerfeuil, basilic, estragon, persil qui relèvent les préparations, et le fenouil et l'anis, qui facilitent la digestion.

Et, bien sûr, Caterina lui prépare des pâtes, comme en Italie.

C'est Battista qui lui a appris l'art de la *pasta*. Car il est excellent cuisinier, Battista ! Jusqu'alors il s'était montré discret et avait dissimulé ses talents culinaires pour ne pas faire de l'ombre à Mathurine, qui s'évertuait à cuisiner « à l'italienne » pour le maître. Mais, en se présentant, les sentiments qu'il éprouve pour la jeune fille ont balayé tous ses scrupules.

Sous sa houlette, Caterina est vite devenue experte en macaronis, raviolis aux herbes, cannellonis à l'oseille, toutes spécialités que le grand homme affectionne, ainsi que d'autres encore, dont elle aime fredonner les noms étranges : *zambettis*, *bozolani*, *tartari*, *canoncini*...

Pour maître Léonard, Caterina se surpasse.

Et Mathurine !

Mathurine est furieuse. Avant l'arrivée de Caterina, elle régnait en maîtresse au manoir. Et voilà que cette fille de rien du tout, cette petite intrigante lui vole son rôle auprès du maître et se pique même de cuisiner aussi bien qu'elle ! Elle peste, elle enrage. « Tu ne vois pas que tu le déranges ? dit-elle à la jeune fille. Ne sais-tu donc pas rester à ta place ? »

Elle est outrée, Mathurine, que le premier peintre, ingénieur et architecte du roi, celui que sa majesté appelle *Padre*, gâche son précieux temps en compagnie d'une gamine de la campagne. « Tu lui fais perdre son temps. Tu le détournes de ses travaux de l'esprit. »

Et comme Caterina n'a pas l'air de comprendre

et continue à se rendre trois fois pas semaine dans la chambre de Léonard, elle finit par lui en interdire l'accès : « Dorénavant, tu resteras dans la cuisine. »

Trois sillons creusent son front et sa bouche a pris un pli amer. C'est à peine si désormais elle regarde Caterina. Elle l'ignore avec superbe.

Mais Léonard ne l'entend pas de cette oreille. Étonné de ne plus voir son élève, il convoque Mathurine et lui demande fermement de ne plus s'opposer aux visites de sa protégée : « Parce que vous comprenez, Mathurine, il me plaît de la voir », lui dit-il en la regardant droit dans les yeux.

Elle n'a pas à discuter. C'est lui le maître. Elle bougonne en son for intérieur : « Qu'est-ce qu'il lui trouve donc ? », mais elle s'incline.

Et elle finit même par s'y faire. Après tout, si messire Léonard est content !

Car dans le fond, elle n'a rien à reprocher à Caterina, bien au contraire : elle n'a jamais été aussi bien secondée. Des caves au donjon, Caterina est partout, toujours discrète et efficace. Comment s'en sortirait-elle sans elle ? Magdalena n'a jamais autant travaillé du temps où elle vivait au manoir.

Le chardonneret et ses petits

Un matin, Caterina entre dans la chambre de Léonard en rougissant.

– Je vous… ai apporté quelque… chose.

Que cache-t-elle derrière son dos ?

– Mmh ! Une gourmandise ? demande Léonard.

– Non.

– Une fleur, un minéral ?

– Non.

– Un vivant !

Caterina sort de derrière son dos une cage bricolée à l'aide de branchettes assemblées à la diable, dans laquelle se blottit un tout petit chardonneret.

Léonard contemple l'oiseau prostré qui, par instants, pépie faiblement.

– Tu savais donc, Caterina, que j'aimais les chardonnerets ?

– Oui, Maître, vous me l'a… viez dit… un jour. C'est mon frère… Car… lo qui l'a cap… turé. C'est lui… aussi… qui a fabriqué… la cage. Il est très ha… bile.

– En effet, dit Léonard, rêveur.

Il s'approche de la fenêtre.

– Sais-tu pourquoi le chardonneret apporte des brins d'euphorbe à ses petits en captivité ?

– Pour les… nourrir.

– Non, Caterina, pas pour les nourrir. L'euphorbe contient un poison violent. Si le chardonneret en apporte à ses petits, c'est pour les tuer. Car à ses yeux mieux vaut la mort à une vie en captivité.

Il écarte les battants de la fenêtre.

– Tu ne m'en voudras pas si je rends sa liberté à ce bel oiseau ? C'est ma façon de te remercier de me l'avoir offert.

Il ouvre la cage. L'oiseau sautille jusqu'au bord, hésite. D'un bond, il est sur l'appui de la fenêtre. Alors il déploie ses ailes et s'élance dans le ciel.

– Regarde comme il vole, Caterina ! Regarde comme il monte sans presque battre des ailes ! C'est le vent qui le porte. Il est libre et vivant. C'est ainsi que je l'aime.

Mais alors pourquoi, se demande Caterina, pourquoi Léonard, qui attache tant de prix à la vie, a-t-il construit toutes ces machines de guerre ? Elle l'a entendu parler de combats, de fortifications, de stratégie militaire avec Melzi. Elle a vu les croquis détaillés d'armes en tout genre, arcs, arbalètes, canons, grenades, sur des feuilles éparses.

Et sur la page même du carnet sur lequel le maître était en train de travailler lorsqu'elle est arrivée, s'étale le dessin d'une impressionnante machine de guerre équipée de force treuils et poulies.

Léonard sourit. Il a surpris le regard de Caterina. Il lit en elle comme dans un livre ouvert.

– Je sais ce que tu penses.

Les joues de la jeune fille s'empourprent de nouveau. Elle aimerait ne plus rougir ainsi, à tout bout de champ.

– C'est une chose infiniment atroce que d'ôter la vie à un homme, dit Léonard. Atroce ! Mais les hommes sont ainsi faits qu'ils aiment la guerre. Je n'y pourrai rien changer. Alors j'imagine des canons qui serviront aussi à les protéger et à défendre ce qu'ils ont de plus cher : la liberté.

Caterina ne dit mot, mais ne peut s'empêcher de penser que les hommes sont pleins de contradictions.

Le paradis sur terre

Juin a mis le jardin en fête. Les treilles ploient sous les roses. Lupins, pavots et campanules rivalisent de beauté dans les parterres finement cerclés d'osier tressé, et une petite brise de Loire fait frissonner les arbres en fleurs.

Dans la cuisine du manoir, c'est l'effervescence.

On plume chapons, pintades et poulets, on larde cuissots de biches et de cerfs, on farcit hures et poitrines de sanglier ; on confectionne des pâtés, des terrines et des ragoûts, des sauces savantes, des massepains, des confitures, de la dragée. Caterina coupe, apprête, arrose les viandes. Mathurine cuisine avec une ardeur et un plaisir enfin retrouvés. Elle a préparé une tourte en forme de château fort dans lequel se cachera un nain, un vrai, couvert de plumes comme une volaille. On servira aussi des huîtres, des truites, des lamproies de la Loire dans de la vaisselle d'or et des vins de Bourgogne à la robe de rubis dans de grands verres de cristal.

C'est qu'on attend foule pour assister au nouveau divertissement que Léonard a imaginé pour remercier François Ier de son hospitalité. Pour l'occasion, il a créé « le paradis sur terre ». Faisant recouvrir la cour dallée d'un drap bleu ciel, et tendre sur les murs de pierre des étoffes bleu nuit constellées d'étoiles d'or. Ce décor féerique servira d'écrin aux sept planètes incarnées par des danseurs d'abord immobiles dans de grandes niches dorées, qui se mettront en mouvement au cours de la soirée. Le Soleil et la Lune seront les premiers à s'animer, au son des luths, des violes, des harpes, des flûtes et des hautbois, bientôt rejoints par Vénus, Mars, Saturne, Jupiter et Mercure.

Les bougies de quatre cents candélabres à deux branches clignoteront dans la nuit pour célébrer le plus grand des rois. Il y aura des danses turques, des branles, des pavanes. Et, comme à Pavie autrefois, un automate déversera des fleurs de lys aux pieds de François Ier, et la musique enchantera les sens, le cœur et l'âme des nombreux invités.

Léonard a tout scrupuleusement orchestré pour que cette fête paradisiaque de juin 1518 reste longtemps dans toutes les mémoires.

Le roi François lève son verre à son premier peintre.

– *Padre*, vous êtes sans pareil.

Entre les trois femmes de sa vie, Louise de Savoie, sa mère, Marguerite, sa sœur, Claude, sa femme, il paraît le plus heureux des hommes. Pour le plaisir de les voir toutes les trois pâlir, il leur raconte comment, le matin même, un cerf a jailli d'un sous-bois et a bien failli le faire tomber de sa monture. Ces dames poussent de petits cris d'effroi.

– Dieu soit loué, vous n'êtes pas blessé, dit Louise de Savoie en pâmoison devant son César.

Caterina, qui sert les convives, détaille à la dérobée le visage du monarque, ce nez qui saille comme un promontoire, ces yeux en amande où brille une lueur coquine, cette bouche gourmande. Vêtu d'un riche pourpoint de velours blanc à crevés[1] orné de pierreries, il dépasse tous les convives en élégance et en taille.

À ses côtés ripaillent ses amis Anne de Montmorency, Philippe Chabot, et le fameux Fleuranges qui avait séduit sa sœur. Caterina l'a croisé tantôt, alors qu'il arrivait en bruyant équipage, et a vu, un

1. Fentes dans le tissu qui laissent apercevoir la doublure.

instant, la surprise figer ses traits. Elle avait oublié qu'elle ressemblait autant à Magdalena ! Elle a appris récemment par sa cousine que, peu de temps après la mort de la jeune femme, l'ami du roi avait fait porter une bourse à son père, et que celui-ci la lui avait retournée en lui faisant dire que tout l'or du monde ne pourrait lui rendre sa fille.

Un éclair crépite dans la nuit et une fumée dense et blanche se répand parmi les convives.

Quelques dames crient au feu et se lèvent déjà, mais on les rassure vite : la fumée n'est qu'un des nombreux artifices imaginés par Léonard. On murmure qu'il est alchimiste à ses heures. Qu'outre la poudre noire qui produit feux et fumées il sait préparer des filtres et des poisons violents, et même transformer le plomb en or.

On cherche le maître des yeux. Il est maintenant assis à la droite du roi. Le spectacle peut commencer.

Les joues des femmes ont rosi sous l'effet des vins de Bourgogne, leurs yeux brillent dans la pénombre. Et lorsque la toute petite lune argentée et le grand soleil doré entament la danse, un « Oh » de surprise et d'admiration se propage dans la cour.

Dans la cuisine, Battista, qui a bu plus que de

raison, enlace la taille de Caterina et lui murmure qu'elle est bien jolie, que si elle voulait, ce soir… Il a les cheveux en bataille, les coins des lèvres humides et un flou dans le regard qui laisse à penser que demain il ne se souviendra de rien. Caterina l'aide à s'asseoir sur le banc qui fait face à la table, où il s'affale de tout son poids. Il dort déjà comme un enfant. Alors, doucement, elle lui caresse la tête, comme elle l'aurait fait à Pepe.

Ce que dit Léonard

L'été met un peu de baume sur les douleurs de Léonard. Avec la chaleur, son bras le fait moins souffrir. Il se prend à rêver. Se pourrait-il qu'un jour il se remette à la peinture ?

En attendant, il enseigne à Melzi tous ses secrets d'atelier : l'art de choisir les pigments, de les broyer pour obtenir les couleurs les plus fines, de préparer le bois pour qu'il devienne aussi lisse et brillant que le marbre.

– Tu auras soin de prendre du bois de cyprès, de poirier, de sorbier ou de noyer, énonce-t-il doctement. Tu l'enduiras de mastic de térébenthine deux fois distillée et de chaux. Puis tu le laisseras gonfler ou rétrécir, selon le degré d'humidité de l'air. Tu me suis ?

– Oui, Maître.

– Tu le couvriras ensuite d'une solution d'arsenic, et tu l'enduiras d'huile de lin bouillie que tu feras pénétrer partout. Avant qu'elle ne refroidisse, frotte bien le panneau avec un chiffon sec. Applique alors du vernis liquide et du crayon de céruse. Fais sécher, puis, quand il est sec, lave-le avec de l'urine.

– De l'urine ? s'étonne Melzi.

– Oui, afin de l'éclaircir. Puis tu le ponceras soigneusement et tu commenceras à dessiner. Enfin tu couvriras ton dessin d'un enduit de trente parties de vert-de-gris et de deux de jaune.

« Trente parties de vert-de-gris et deux de jaune », note scrupuleusement Melzi sur son carnet.

Léonard lui explique ensuite comment peindre par couches successives, avec des jus légers de plus en plus sombres pour modeler les formes… Il lui transmet tout ce qu'il sait.

La peinture lui manque.

Il se souvient des mois passés à mettre en place cette gigantesque *Cène*[1] dans le réfectoire du couvent de Santa Maria delle Grazie, à Milan. Avec quelle joie il se hissait le matin, dès l'aube, sur son échafaudage pour se mettre au travail et peindre sans relâche jusqu'au crépuscule ! Il était si absorbé par sa

1. Dernier repas que Jésus prit avec ses apôtres.

tâche qu'il en oubliait parfois de manger ! Il pouvait travailler ainsi plusieurs jours d'affilée. Et puis, soudain, il s'arrêtait.

Il lui arrivait alors de rester plusieurs jours sans toucher un pinceau.

Il restait à l'écart, observant les figures déjà peintes, détaillant telle expression, évaluant telle attitude, tel mouvement de la main, comme si un autre que lui en avait été l'auteur. Ce recul lui était nécessaire pour continuer.

Il avait pris l'habitude de consigner par écrit le jeu de chacun de ses personnages, comme s'il avait été le metteur en scène d'une pièce de théâtre immobile et silencieuse.

Comment rendre la surprise, la peur, l'indignation, la confiance, la trahison ?

Il notait les attitudes, les gestes de chacun : celui-ci va tendre ses mains ouvertes, cet autre chuchoter à l'oreille de son voisin, et ce dernier poser son verre sur la table…

S'arrachant à ses pensées, Léonard dit à Melzi :

– Un bon peintre ne doit pas se contenter de représenter des personnages, il doit rendre aussi leurs désirs, leurs passions, leurs tourments, l'intention de leur âme.

Les jours où Caterina vient pour sa leçon, il lui parle des grands mouvements de la Terre et du ciel.

– Vois-tu, petite, le soleil est un escargot. Un vénérable escargot. Regarde-le ! Regarde-le bien ! Tu as l'impression qu'il avance dans le ciel parce que le matin il est à l'est et le soir à l'ouest, mais c'est une illusion. Il est immobile dans le ciel. C'est la Terre qui tourne, Caterina, pas le soleil !

La Terre qui tourne ! Caterina regarde ses pieds bien à plat sur le sol. Elle ne sent nul roulis, nul vertige. Comment la Terre peut-elle tourner, avec ses montagnes, ses collines, ses arbres bien enracinés, ses cours d'eau, ses océans ?

Léonard sourit.

– Tu ne peux rien percevoir du mouvement de la Terre, Caterina, tant elle tourne lentement. C'est l'étude du ciel, la position des planètes dans la voûte céleste qui nous informent de son infime progression.

Un jour, devant les piles de papiers épars, l'infini de ces notes qu'il a passé sa vie à rédiger, et alors qu'à son côté Melzi mettait en couleurs un dessin selon ses directives, un bref désespoir saisit Léonard.

– Je suis comme un royaume divisé. Je me suis

tellement dispersé dans ma vie ! L'esprit qui se consacre à des sujets trop divers s'embrouille et s'affaiblit. Pourquoi n'ai-je pas peint davantage ? Je vois bien que c'est ce que j'ai fait de mieux.

Melzi proteste :

– Maître, vos inventions révolutionneront le monde. Je porterai votre parole dans l'univers entier. Nul n'ignorera le génie que vous êtes.

Il faut tendre l'oreille pour comprendre ce que le vieil homme murmure alors :

– Et si tout cela n'était qu'une grande imposture…

Melzi fait mine de n'avoir rien entendu.

Rien ne le peine plus que lorsque son maître, son modèle, son Dieu vacille sur son piédestal. Il est pour lui plus qu'un père, il est toute sa vie.

Le cœur qui bat

Des doutes, des questionnements de Léonard, Caterina ne perçoit rien. Avoir un tel maître est pour elle à peine croyable. Inespéré. Grâce à lui, elle sort progressivement du brouillard de l'enfance et ouvre l'une après l'autre les portes du savoir. C'est une aventure passionnante, un bouleversement de tous les instants. Découvrir l'infini du monde la subjugue. Soudain, tout la passionne.

Chaque fois qu'elle quitte le maître, elle ressent la joie intense, profonde d'avoir exploré un nouveau pan d'inconnu. Comment aurait-elle pu imaginer qu'apprendre lui donnerait tant de bonheur? Elle s'est rarement sentie aussi vivante et, dans sa poitrine, son cœur n'a jamais battu aussi fort.

Mais l'enseignement de Léonard n'en est peut-être pas la seule cause…

Un matin que Caterina était occupée à laver les grandes dalles de l'entrée du manoir, une présence lui avait fait lever les yeux. Battista était devant elle. Il la regardait avec insistance.

– Tu sais que tu es de plus en plus jolie, Caterina, avait-il murmuré, bien plus jolie en vérité que Magdalena.

La jeune fille avait froncé les sourcils. Elle n'était pas sûre d'avoir bien compris, ou bien ne l'osait pas.

– Oui, bien jolie, avait répété Battista en s'agenouillant devant elle.

Elle avait eu un mouvement de recul et avait, comme à son habitude, rougi violemment. Jamais on ne lui avait fait pareil compliment. Lui avait-on d'ailleurs fait un seul compliment dans sa vie ? Avait-t-on seulement loué son efficacité, la perfection de son travail ? Rien de moins sûr. Quant à la beauté, il n'y en avait jamais eu que pour sa sœur Magdalena. Magdalena au cou si blanc, aux épaules tombantes, d'une beauté si éclatante que les conversations s'arrêtaient lorsqu'elle paraissait. Magdalena que les hommes déshabillaient des yeux. Pour laquelle il n'y avait qu'hommages, soupirs ardents et regards de miel.

Avec fermeté et douceur – une douceur dont elle ne l'aurait pas cru capable –, Battista avait posé la toile à laver à ses pieds et lui avait pris les mains dans les siennes. Caterina avait tenté de les dégager – elles étaient toutes mouillées, elle aurait au moins voulu se les essuyer –, mais il avait resserré sa pression.

– Chut ! avait-il soufflé.

Le visage de Battista était tout proche, ses yeux avaient la couleur, le doré du pain d'épice, son haleine était fraîche et boisée. Il s'était penché encore un peu et avait déposé un baiser léger… sur le front de Caterina.

– Voilà pour aujourd'hui, mademoiselle Farouche.

Caterina s'était mise à rire. Ce petit baiser de rien, ce baiser mutin avait fait s'envoler toutes ses peurs. Elle s'était sentie soudain libérée. Ainsi, on pouvait rire et jouer entre garçon et fille. Ainsi, on pouvait se frôler, papillonner, badiner sans provoquer de catastrophes. L'amour ne vous plaquait pas nécessairement à terre, ne vous ouvrait pas le ventre en deux. L'amour pouvait être léger comme une brise d'été, délicat comme un réséda blanc, joyeux comme le trille d'une alouette. Caterina n'aurait jamais imaginé que la vie lui réserverait tant de surprises, de piquantes douceurs.

Lâchant ses mains, Battista lui avait effleuré la joue.

– Tu es une belle personne, Caterina.

Elle avait fermé les yeux et senti ses lèvres se poser sur les siennes.

Quand vient l'hiver

Passent les saisons, glissent les ombres.

La petite princesse Louise, la fille aînée du roi, est morte à l'automne. Ni les potions ni les saignées n'ont pu la sauver. Tout puissants qu'ils soient, les rois ne sont pas épargnés par la mort qui rôde autour du lit des petits enfants.

Puis est venu l'hiver, cette année particulièrement rigoureux.

Il a fallu calfeutrer les fenêtres, clore les volets intérieurs, superposer laines et fourrures pour résister au froid mordant.

Un bref manteau de neige dérobe aux regards le jardin endormi du joli manoir de Cloux.

Le temps semble arrêté.

De la fenêtre de la cuisine, Caterina suit distraitement des yeux les oiseaux qui picorent la neige à la recherche d'impossibles graines, en sautillant sur place pour ne pas se geler les pattes.

Elle savoure le silence bienfaisant de cette calme blancheur.

Tout à l'heure, elle retrouvera Battista près de l'étang gelé, et ensemble, ils iront chez son père.

Antonio Graci a rompu le long deuil qui lui faisait pleurer une épouse disparue il y a bientôt deux ans. Il vient d'épouser la très jeune Margot, dont la taille s'arrondit déjà d'un enfant à naître en été. Sa blondeur et ses rires balaient les fantômes du passé, estompent les tristesses. Elle est douce et bienveillante, Margot, et Pepe, qui au début s'en méfiait, l'a presque complètement adoptée. Quant à Antonio, il est métamorphosé. Il a retrouvé son allant, et c'est en sifflant qu'il achève le plus raffiné des vaisseliers pour un seigneur des environs.

Du remariage du père Caterina n'a touché mot à la dame-mère, mais le voile de mélancolie qui a soudain obscurci son sourire lui a dit que de là où elle est, elle avait tout vu, tout entendu, tout compris.

Il y a longtemps que Caterina a cessé de lui parler à haute voix, et qu'elle ne s'adresse plus à elle que dans le secret de son cœur. Mais il lui arrive souvent, la nuit, de la retrouver en rêve au pied des montagnes bleues, dans ce paysage qu'elle connaît si parfaitement qu'elle pourrait s'y promener les yeux fermés.

De temps en temps, Léonard, interceptant son regard vers la dame, lui chuchote, comme lors de leur première rencontre :

– Elle est belle, n'est-ce pas, ma *Joconde ?*

Le roi lui a de nouveau proposé de lui acheter le tableau, mais il a refusé, disant qu'il serait toujours temps, plus tard. Quand il ne serait plus là.

Caterina ne chôme pas. Mathurine a trop mal à la main pour s'activer comme autrefois. Le froid a ravivé le souvenir de la profonde entaille qu'elle s'était faite au printemps. Parfois, elle a l'impression que ses doigts engourdis ne lui répondent plus.

– Nous sommes deux vieux, a-t-elle osé dire l'autre jour à Léonard qui se plaignait de son bras mort.

– Deux vieux arbres encore verts, a-t-il plaisanté.

Mais Mathurine, Caterina et tous ceux qui le côtoient voient bien qu'il est fatigué.

Il ne sort plus guère de sa chambre où, emmitouflé dans une ample robe noire fourrée de martre, il passe ses journées à lire, à travailler et à remplir les marges de ses carnets de figures mystérieuses. « Mes jeux géométriques », dit-il en plissant les yeux.

Et c'est maintenant toujours le roi qui vient à lui, quand il est à Amboise, en empruntant, comme il en a l'habitude, le passage secret qui relie le grand château au petit manoir. Parfois aussi, il fait escale chez Léonard en rentrant de la chasse, avec ses gens et sa meute, son bel habit vert crotté d'avoir tant chevauché à la poursuite d'une biche ou d'un cerf. Alors le manoir s'anime pour quelques heures. Les chiens fauves et blancs aboient, il faut leur donner à boire. On parle haut et fort, le rire sonore du roi retentit dans l'enfilade de pièces. Mathurine et Caterina préparent à la hâte une collation pour les chasseurs : pain, pâté et saucisson arrosés de vin de Loire, et l'on se restaure en commentant la chasse et en attendant que le roi descende de la chambre où il déjeune en tête à tête avec messire Léonard.

François Ier, qui n'aime pourtant rien tant que le changement, ne se lasse pas de s'entretenir avec son grand homme, dont l'intelligence et la culture encyclopédique le fascinent toujours. Avec qui d'autre pourrait-il ainsi parler de tout, rêver qu'un jour les hommes voleront dans les airs, chemineront sous les mers ou parcourront le monde à très grande vitesse dans des chevaux d'acier ?

Et tant pis si le grand chantier du château de

Romorantin a été abandonné ! Léonard en avait fait les plans, imaginant un étonnant réseau en étoile pour relier, par voie d'eau, le nouveau château à toutes les résidences royales de France. Romorantin ne se trouve-t-il pas exactement au centre de la France ? Le génial inventeur l'avait transformée en une cité idéale où François Ier aurait rêvé d'établir sa nouvelle capitale. Mais, le chantier à peine commencé, la malaria, ce fléau des marais malsains de Sologne, avait décimé les ouvriers. Les moustiques avaient finalement eu raison du projet et il avait bien fallu y renoncer.

Reste l'aménagement du cours de la Loire, pour rendre navigable en toute saison le grand fleuve sauvage. Léonard a prévu de creuser des canaux et de bâtir des moulins pour assécher les marais. Mais François Ier, désormais, suit ces projets de loin. Le bouillonnant roi de France est bien trop occupé à s'opposer au roi d'Espagne, qui, comme lui, brigue le très vaste Empire germanique. Il voit aussi que son cher *Padre* vieillit. Dernièrement, un Italien de passage venu saluer le grand homme a pensé, en le voyant, qu'il avait presque dix ans de plus que son âge.

Léonard est perclus de douleurs. Mathurine, qui sait soigner par les plantes, a montré à Caterina comment soulager les maux de leur maître avec de savants mélanges d'huile rosat, de nénuphar, d'arnica et de pavot.

Il dit que cela lui fait du bien.

Est-ce vrai ? Pas si sûr. Mais il est touché par les innombrables attentions et la délicatesse de ces deux femmes, la toute jeune et la plus âgée, qui ne savent que faire pour lui être agréable. Pour la première fois de sa vie, dans ce petit manoir du bord de Loire, il découvre en leur compagnie et celle de Melzi et de Battista la quiétude et la douceur de ce qui pourrait ressembler à une vie de famille. Jamais, à Florence ou à Milan, il n'avait rien connu de tel. De cela, il leur en est à tous reconnaissant.

Et puis il est heureux et fier que son acharnement ait enfin porté ses fruits : Caterina parle. À sa façon, certes, mais elle est désormais capable de s'exprimer selon son cœur. Même si elle a gardé son étrange voix rocailleuse et une élocution pour le moins hachée, on la comprend maintenant sans grandes difficultés. La Merveille lui est toujours d'une aide précieuse, mais elle a aussi, depuis, appris à lire sur les lèvres de ses interlocuteurs. Grâce à Léonard, grâce au soutien secret de sa dame-mère, elle n'est plus en marge du monde.

Printemps

Les narcisses blancs ont fleuri au jardin. La reine Claude a fêté le printemps et la vie en donnant naissance à un second fils, le 31 mars, treize mois après le premier.

« Henri, second fils de mon fils, fut le jour de la mi-carême né à Saint-Germain-en-Laye, à sept heures six minutes avant midi, l'an 1519 », a noté Louise de Savoie dans son précieux journal.

Un matin, en se levant, Battista a trouvé au pied du lit de maître Léonard le petit corps sans vie du singe.

Il était mort pendant la nuit.

Lorsque Battista l'a soulevé pour l'emporter dehors, il a été étonné de le sentir si léger. À peine quelques grammes. Comme s'il n'avait été, sa vie durant, qu'énergie et mouvement.

Léonard, qui prétendait tout juste le tolérer, s'est senti étrangement troublé. Il n'aurait jamais pensé avoir tant de chagrin. Malgré lui, il s'était attaché à celui que parfois il nommait Salaï en secret.

Caterina a fondu en larmes lorsque Battista est entré dans la cuisine avec la minuscule dépouille. Le cœur gros, elle a proposé qu'on l'enterre dans le verger.

C'est Battista qui a creusé le trou au pied du plus ancien poirier et, ensemble, ils ont déposé le petit singe sur un lit de lierre bien vert.

– Adieu, petit… ami, a soufflé Caterina de son étrange voix.

C'était un matin humide et brumeux, elle frissonnait. Alors Battista l'a prise dans ses bras et l'a serrée longuement contre lui.

Il y aura bientôt un an que Caterina est arrivée au manoir dans les pas du grand Gilles. Caterina indispensable, si discrète et aimée de tous.

Depuis peu, comme chacun à Cloux, elle s'inquiète de voir décliner la santé de Léonard. Il a pris froid le 15 avril, jour de son soixante-septième anniversaire, et depuis, il ne quitte plus sa chambre.

Dans la grande cuisine, Caterina se fait sorcière et prépare, sur les indications de Mathurine, des breuvages où la reine-des-prés, l'ortie verte et l'aubier de tilleul se mêlent aux racines de fraisier et de petit-houx. En grand secret, Mathurine a apporté un élixir de scorpion qui, dit-elle, fait des miracles. Elle en verse quelques gouttes dans les plats qu'elle destine à Léonard.

De son côté, Battista s'agite, Battista brasse l'air, portant bouillons, tisanes, décoctions, purées légères et compotes, de la cuisine à la chambre de son maître, de la chambre à la cuisine, trébuchant parfois, maugréant entre ses dents. Il est à prendre avec des pincettes. La maladie lui fait peur, il aimerait être ailleurs.

Les deux femmes en sont réduites à attendre les nouvelles qu'il distille au gré de son humeur. Chaque jour, lorsqu'il paraît dans la cuisine, elles s'enquièrent de la nuit de messire Léonard.

Un matin, Battista arrive avec les yeux cernés et la mine chiffonnée.

– Oh, toi… tu n'as pas… dormi ! dit Caterina en lui prenant la main.

– Pas une minute. Il a toussé toute la nuit. Nous avons eu beau le redresser dans son lit, Melzi et moi, le frictionner à l'huile de camphre, rien n'y a fait.

– Lui as-tu au moins donné la potion que je lui avais préparée ? demande Mathurine.

– Il en a à peine bu une gorgée. Il l'a trouvée trop amère.

– J'y ajouterai du miel.

– Pas sûr qu'il l'accepte davantage. Il faut se bagarrer pour lui faire absorber quoi que ce soit. Il a du mal à déglutir. Je ne suis pas sûr qu'il veuille boire son bouillon.

– Je lui ai préparé un riz au lait à l'écorce de citron, dit Mathurine. S'il pouvait en prendre quelques cuillerées, cela lui donnerait des forces.

Caterina accompagne Battista presque jusqu'en haut des escaliers. Elle n'a pas pénétré dans la chambre de Léonard depuis plus d'une semaine. Depuis que Melzi a brusquement décrété que personne d'autre que lui et Battista n'approcheraient le malade : il veut qu'ils soient seuls à le veiller.

– Tu lui diras… que j'ai vu le chardonneret… et… qu'il fait son nid… dans le noise… tier, dit Caterina.

– Tu crois vraiment que c'est le moment ? s'étonne Battista.

– S'il… te plaît ! Il comprendra.

Le jeune homme pose le plateau sur une marche et enlace Caterina.

– Si tu savais comme il est courageux, Caterina ! Jamais une plainte, jamais un mouvement d'humeur…

Je ne supporte pas de le voir souffrir.

Il a l'air d'un petit garçon malheureux.

Caterina lui caresse la joue, le front, les cheveux et l'embrasse doucement.

– J'ai l'impression que je t'aime chaque jour davantage, murmure Battista.

Caterina sourit.

– C'est bien ainsi… que ce doit être. Allez, va… maintenant, il t'attend.

La légende se met en marche

Les journées s'étirent, interminables. L'atmosphère est lugubre.

La santé de Léonard se dégrade de jour en jour, mais c'est au compte-gouttes que les nouvelles filtrent de la chambre.

Caterina et Mathurine trompent leur angoisse en rangeant la cuisine de fond en comble.

Le 23 avril, sur le coup de onze heures, Battista passe les voir en coup de vent. Léonard lui a demandé d'aller quérir un notaire en ville. Il souffle :

– Melzi l'a aidé à rédiger son testament.

Et, à l'intention de Caterina :

– Il te remercie pour le chardonneret. Il ne parle quasiment plus mais il a murmuré qu'il était heureux de le savoir libre. Il ne voulait surtout pas que j'oublie de te le dire.

Plus tard, trois hommes en noir, le notaire et deux témoins, passent le porche du manoir. Battista les conduit jusqu'à la chambre. Tristes silhouettes, ballet sinistre. Tous ont des mines de circonstance.

Quelques jours après, c'est le prêtre que l'on fait venir.

Le 2 mai, messire Léonard est au plus mal.

À Caterina qui revient du potager, Mathurine chuchote que le roi en personne est au manoir, qu'elle a bien cru apercevoir sa haute silhouette et son pourpoint doré alors qu'il entrait dans la chambre du maître.

Les deux femmes attendent dans un silence de pierre.

Battista sort prendre l'air dans le jardin. Caterina le rejoint. Il éclate en sanglots.

Melzi apparaît enfin. Il a les yeux pleins de larmes.

Les deux femmes se signent.

– Et le roi ? demande timidement Mathurine.

Melzi la regarde sans comprendre et se détourne pour pleurer.

A-t-elle rêvé, Mathurine ? A-t-elle vraiment vu François Ier se glisser dans la chambre de Léonard ? Peu importe. À tous elle racontera que le roi était présent, et que c'est dans ses bras que le grand Léonard de Vinci a rendu son dernier soupir. La légende se met en marche…

Trois siècles plus tard, un peintre célèbre représentera la même scène[1].

La renommée du maître peut maintenant se répandre, s'étendre et s'amplifier dans le monde entier. Mais pour l'heure, Caterina sanglote en serrant la Merveille contre son cœur.

Bientôt, elle épousera Battista et s'établira non loin de là, dans une maison en torchis qui ressemblera à celle de son père.

Bientôt, elle prendra Pepe avec elle, et elle attendra un premier enfant, un garçon, qu'elle prénommera Léonard.

Bientôt... plus tard.

Mais cela, elle ne le sait pas. Et le saurait-elle qu'elle ne s'en soucierait pas.

Aujourd'hui, elle pleure celui qui l'a fait sortir de sa forteresse désolée et renaître au monde.

Elle ne pleure pas le génie que le monde célèbre, mais un être bon, attentif et généreux.

Un homme de cœur.

---

1. Jean-Auguste-Dominique Ingres, *La mort de Léonard de Vinci*, 1818.

À propos de l'histoire :
ce qui est vrai et ce qui ne l'est pas

(Note de l'auteur)

Giorgio Vasari, qui écrivit la précieuse première biographie de Léonard de Vinci, ne l'a jamais connu. Il était encore enfant à la mort de cet homme fascinant. Autant dire que, dès l'origine, de nombreux pans de la vie du maître ont disparu dans le gouffre du temps. Mais de grands îlots subsistent néanmoins, attestés par ceux qui l'ont connu ou simplement croisé.

Léonard de Vinci a bien passé les deux dernières années de sa vie en France, invité par François Ier et hébergé par lui au manoir de Cloux, non loin du château d'Amboise. Mais on ne sait pas exactement quand il a quitté Florence. Est-ce peu après la mort de son protecteur, Julien de Médicis, qui est survenue le 17 mars 1516 ? Ou plus tard, à l'automne ou au printemps de l'année suivante ?

Ce qui est certain, c'est qu'il voyage avec son élève

et ami Francesco Melzi, un nouveau serviteur nommé Battista de Villanis et sans doute le turbulent Salaï – qui repartira bientôt pour Florence –, et qu'il est en France le 10 octobre 1517. Ce jour-là, en effet, il reçoit la visite du cardinal Louis d'Aragon. Cette entrevue est fidèlement consignée dans le journal de voyage de don Antonio de Beatis, le secrétaire particulier du cardinal. Celui-ci y raconte que le « très célèbre » peintre leur a montré trois peintures, dont « un portrait d'une certaine dame florentine fait d'après nature ». Que « toutes ces œuvres sont très réussies », mais que le maître ne peint plus « par suite d'une sorte de paralysie de la main droite » et qu'il « ne faut plus s'attendre à ce qu'il fasse de belles choses ».

Le secrétaire du cardinal rapporte également que Léonard a formé « un disciple milanais qui travaille assez bien » – ce ne peut être que Melzi – et que le maître a composé « un traité d'anatomie, très curieux, donnant le dessin des membres, des nerfs, des veines, des articulations, des entrailles et de tout ce qui peut être étudié dans les corps des hommes et des femmes ». Il semble impressionné, car il ajoute : « Nous avons vu tout ceci de nos yeux ; il dit d'ailleurs qu'il a déjà disséqué plus de trente corps d'hommes et de femmes de tout âge. »

Don Antonio de Beatis fait état d'autres livres, qui « seront une source d'agrément et de profit lorsqu'ils viendront au jour ». Ces écrits, Léonard les léguera tous par testament à Melzi.

Quant à *La Joconde*, que l'on appelle *La Gioconda* en Italie et *Mona Lisa* dans les pays anglo-saxons, on ne sait pas au juste si Léonard l'offrit à François Ier ou si celui-ci la lui acheta, mais elle figure dans les collections royales de peinture après la mort de l'artiste. On n'est pas absolument certain qu'il s'agisse du portrait de la femme de Francesco del Giocondo – Lisa Gherardini de son nom de jeune fille –, mais c'est encore à ce jour l'hypothèse la plus vraisemblable.

Tout ce qui a trait à la jeunesse de François Ier a été puisé dans les meilleures biographies du roi. Enfant, il vécut au manoir de Cloux avec sa mère, Louise de Savoie, et sa sœur, Marguerite, et il garda toute sa vie une tendresse pour ce petit château à taille humaine qui existe toujours de nos jours sous le nom de Clos-Lucé. On peut d'ailleurs y visiter la chambre de Léonard, presque intacte, à l'exception du lit, qui n'est pas d'origine.

Si Mathurine a bien existé et fut la servante de Léonard durant son séjour en France – il lui lègue par testament une petite somme d'argent et une robe « en bon drap noir doublé de fourrure, un manteau de drap et deux ducats payables en une fois » –, les personnages de Caterina, de Magdalena et toute la famille d'Antonio Graci sont fictifs. Ainsi, bien entendu, que les petites lavandières, le grand Gilles ou la veuve Lardin. Mais la description de la lessive collective au bord de la Loire, de l'intérieur de la maison Graci ou de la scène de l'accouchement restituent un peu ce que pouvait être le mode de vie des petites gens au début de la Renaissance, bien loin des fastes de la cour de France.

La rencontre entre Caterina et Léonard de Vinci n'a donc pas eu lieu, mais il m'a semblé plausible qu'un esprit curieux comme celui de Léonard s'intéresse au cas de la jeune fille. On sait en effet que l'acoustique le passionnait autant que l'optique. Ses carnets en témoignent. On peut y lire : « Si tu arrêtes ton embarcation, et que tu places dans l'eau la tête d'un long tube et l'autre extrémité à ton oreille, tu entendras les navires à grande distance. » Du « long tube » sous-marin à la Merveille, il n'y avait qu'un pas, que j'ai franchi !

Léonard ne fait pas de miracle. En rééduquant Caterina, il l'aide à surmonter une surdité en somme légère, mais qui a été aggravée par le traumatisme de la perte de sa mère.

Enfin, il ne me déplaisait pas de peindre un Léonard de Vinci tourné vers les autres, à la fois proche des gens et plein de sagesse. Un homme parfois las à qui il arrivait de douter, mais toujours, et jusqu'à la fin, curieux et passionné par le monde. C'est ainsi qu'il m'est apparu à travers la lecture de ses carnets : complexe et fascinant. En un mot, humain. Mais comme tous les génies, infiniment mystérieux.

Chronologie de la vie de Léonard de Vinci

15 avril 1452 : naissance de Léonard. Il est le fils de ser Piero, le notaire de Vinci, et de Caterina, une paysanne du village voisin d'Anchiano. La même année, son père se marie avec une jeune fille de seize ans.

1468 : mort de son grand-père, qui l'a élevé.

1466 ou 1469 : Léonard entre en apprentissage dans l'atelier du Verrochio, un des meilleurs artistes de Florence, à la fois sculpteur, peintre et orfèvre. Il y restera une dizaine d'années.

1472 : il est inscrit comme peintre dans les registres de Florence.

1481 : il part pour Milan, où il va bientôt entrer au service du duc Ludovic Sforza. Pour celui-ci, il imagine une statue équestre qui ne sera jamais terminée. Il organise de nombreuses fêtes pour le duc.

1495 : il commence à peindre *La Cène* dans le réfectoire du couvent de Santa Maria delle Grazie.

1500 : il retourne à Florence.

1501-1506 : il travaille, entre autres, à *La Joconde*.

1516 : Julien de Médicis, son protecteur, meurt. Léonard accepte l'invitation de François Ier de séjourner en France.

1517 : Léonard, Melzi, Battista et Salaï s'installent au manoir de Cloux.

2 mai 1519 : Léonard de Vinci meurt au manoir de Cloux (aujourd'hui Clos-Lucé). Il avait rédigé son testament quelques jours plus tôt, le 23 avril.

Marie Sellier

Marie Sellier a été journaliste pendant plusieurs années avant de se tourner vers l'édition. Voilà maintenant plus de vingt ans qu'elle explore, en direction des jeunes, un champ vaste comme le monde, l'art sous toutes ses formes, avec un enthousiasme qui ne se dément pas. Elle a écrit une bonne soixantaine de livres et créé quatre collections : « L'Enfance de l'art », « Mon petit musée » aux éditions de la Réunion des musées nationaux, « Des mains pour créer » chez Paris Musées, « Entrée libre » aux éditions Nathan. Ses livres sont traduits dans de nombreuses langues.

Depuis peu, elle a choisi d'approcher les grands peintres par le biais de courts romans mêlant éléments biographiques et fiction.

Elle a également écrit le scénario de plusieurs films sur des peintres et des sculpteurs, pour la télévision et pour le cinéma.

Quelques livres du même auteur :

AUX ÉDITIONS NATHAN
Journal d'Adeline, un été avec Van Gogh
Le fils de Picasso
Mes dix premiers tableaux
La Peinture entrée libre
Arts primitifs entrée libre

AUX ÉDITIONS DE LA RÉUNION DES MUSÉES NATIONAUX
Mon petit Louvre, Mon petit Orsay, Mon petit Cluny, Mon petit Guimet,
Mon petit centre Pompidou, Mon petit quai Branly, Mon petit Versailles,
Ma petite Orangerie, Mon Luxembourg
Voyage au cœur du Louvre
L'Afrique, petit Chaka…, illustré par Marion Lesage

AUX ÉDITIONS PHILIPPE PICQUIER
La Naissance du dragon, illustré par Catherine Louis et Wang Fei
Le rat m'a dit…, illustré par Catherine Louis
Le Petit Chaperon chinois, illustré par Catherine Louis

TABLE DES MATIÈRES

Vous avez aimé

LE SOURIRE DE MA MÈRE

Découvrez, du même auteur…

Le journal d'Adeline – Un été avec Van Gogh
à partir de 11 ans

«J'ai eu un choc en voyant mon portrait. Il m'a barbouillé les joues de rouge et labouré les mains de traits verts. Je suis laide à faire peur. Si seulement j'avais eu le courage de lui dire que je n'aimais pas son tableau, il ne me l'aurait certainement pas offert. Pauvre monsieur Vincent, il travaille tellement. C'est cruel, mais je crois bien que c'est un peintre raté!»

Le fils de Picasso
à partir de 11 ans
Texte adapté au programme scolaire

Un été
Dans les pas de Pablo Picasso

«On s'est allongé sur le sable. Betty a dit :
– J'ai ma petite idée.
– Ta petite idée sur quoi?
– Sur ton père.
– Ah oui!
– Je crois que c'est Picasso.
Je me suis redressé d'un coup. Je m'attendais à tout sauf ça. J'ai bafouillé :
– Picasso? Le peintre?»

Cœur de pierre – Camille Claudel et Rodin

à partir de 12 ans

Texte adapté au programme scolaire

« Le mystère qui planait sur la relation entre Rodin et Camille Claudel les intriguait. Luce et Hortense avaient le sentiment de pénétrer dans un monde à la fois romantique et dangereux. Rodin avait-il vraiment le pouvoir de rendre fou d'amour ? »

...et d'autres romans dans la même collection...

Sur un air de Mozart

Flore Talamon

à partir de 12 ans

Texte adapté au programme scolaire

Vienne, 1920. Viki, 12 ans, apprend que son père va se remarier. Loin de la réjouir, la nouvelle la bouleverse. D'autant que sa future belle-mère semble décidée à tout régenter. Elle cherche même à l'empêcher de jouer du piano ! Pour couronner le tout, Viki ne reconnaît plus sa grande sœur. Cette dernière se met à rêver d'amour, de liberté, et à enchaîner les actes de rébellion. Perdue dans ce tourbillon de changements, Viki trouve refuge dans la musique et, surtout, chez son nouveau voisin, le célèbre Mozart...

MIXTE
Papier issu de sources responsables
FSC® C022030

N° d'éditeur : 10254388 - Dépôt légal : août 2011
Imprimer en mars 2019 par Jouve (53100, Mayenne, France)
N° 2864445Y